나는 대한민국 소방관이다

나는 대한민국 소방관이다

최인규 산문집

도서출판 두엄

나는 대한민국 소방관이다
Prologue

    어느 날 자신을 지역신문사 편집부장이라 소개하며 명함을 내민 이가 있었다. 누군가의 소개로 찾아왔다며 다짜고짜 용건을 내놓는데 다름 아닌 신문 게재를 위한 원고를 부탁해도 되겠냐는 것. 필자의 의향을 물은 것이지만 적잖이 당황할 수밖에 없는 노릇이었다. 글을 쓰거나 그 분야의 프리랜서로 일하는 사람이라면 뜻밖의 행운처럼 나름 쾌재라도 불렀겠지만 이도 저도 아닌 내게는 무슨 뚱딴지 같은 소리냐며 외면할 수밖에 없을 제안이기 때문이었다. 신문사에서 일하는 사람이 119와 관련된 사건 사고를 취재하거나 그와 유사한 일이지 않겠냐는 쪽으로 대충 짐작은 하였지만, 밑도 끝도 없이 불쑥 원고청탁이라니.

    얼마의 시간이 지났을까. 초등학교 시절 연필 침 발라 꾹꾹 눌러 문장을 판서하듯 단어 하나에 주의를 기울이고 어휘 한 줄에 매달리어 붙잡은 날들이 그럭저럭 5년여의 세월로 누적되었다. 주 1회 지역 언론에 화재, 구조, 구급 및 생활안전 등의 활동 사례를 칼럼 형식으로 기고했던 것. 그간의 원고를 한데 모으고 정성을 다해 갈무리했다. 숱한 날의 119활동 기록이 결국 글쓴이의 첫 번째 저서로 재탄생하게 되었으니. 당시 내놓은 출간의 변으로는 이 책을 통하여 단 한 사람이라도 자신의 건강을 도모하고 안전문화 정착에 기여할 계기가 마련된다면 더는 바랄 나위가 없겠다는 내용이었다. 어느 날 갑자기 무보수 원고를 청탁한 그의 선견지명 때문이었을까. 소방관의 직무에 정진할 수 있도록 독려하였으며 글쓰기에 관한 애착과 열망을 갖도록 동기부여 하였으니 굳이 사례라는 것이 필요하다면 이쪽에서 먼저 해야 하지 않을까 생각이 든다.

   소방관의 일은 세상으로 들어가 맞닿고 접촉하며 함께 울고 함께 웃는 삶의 연속선상이라 해도 좋을 것이다. 예나 지금이나 그 어디에서나 우리의 일상과 함께하고 있으니.
   여기 소방관으로 자연인으로 어우러진 행적의 글을 한데 모았다. 직무와의 연관성에 더해 몇 발짝 가까이 세상을 향해 들어가 보았다. 철없던 유년기와 방황의 청년기를 지나 어느덧 사회의 일원이 되기까지 내 삶을 빚은 곳곳의 발자취였다. 결국 나를 위한 글쓰기를 위해 무한한 세상을 찾아 나선 나름의 몸짓이 아니었을까. 필자의 오늘을 있게 한 가족에게 사랑을 전하며.

2021년 4월 화수리에서
최 인 규

나는 대한민국 소방관이다

Contents

- 4 · 프롤로그
- 8 · 꽃, 바다, 꿈 그리고 안전!
- 12 · 끝없는 이야기에 붙여
- 15 · 풍금에 대한 기억
- 21 · 119 구급대원의 제언
- 24 · 가을의 단상
- 26 · 그곳에 우리가 있다 1
- 31 · 그곳에 우리가 있다 2
- 35 · 길에게 길을 묻다
- 39 · 아내의 김치
- 43 · 냉면 이야기
- 46 · 단칸방의 추억
- 51 · '응급처치 능력 배양'이 공약이 되기를 바라는 마음
- 53 · 독도 기행
- 55 · 마음의 그릇

마흔아홉의 병상일기 · 59

만리포에서 부친 편지 · 70

겨울밤의 단상 · 73

별과 스타 · 75

소방관의 불 이야기 · 78

손수건 한 장 · 83

술이 왠수라고요? · 86

아이와 자전거 · 91

어느 소방관의 하루 · 95

여름날의 가족여행 · 99

울분과 공분 · 105

말년의 내가 장년의 나에게 · 108

추남(秋男)의 편지 · 112

추석이 추석추석 다가오는 날에 · 116

나는 대한민국 소방관이다 · 119

꽃, 바다, 꿈 그리고 안전!

"안녕하십니까. 치료는 잘 받고 계신지요. 궁금한 마음에 안부 전화드렸습니다."

"먼저 찾아뵙고 인사드려야 하는데, 이렇게 전화까지 해 주시니 너무 감사합니다."

어느 소방관과 사고 현장에서 구급대에 의해 병원으로 옮겨져 치료를 받고 있는 환자 사이에 오간 전화의 내용이다.

내일이면 안면도 '국제 꽃 박람회'가 폐회된다. 행사장에 배치된 소방관들에겐 더 많은 긴장이 요구되는 날이다. 이른 저녁을 마치고 잠시 차 한 잔 마시고 있던 시간인데, 안면도 연육교 부근 도로에서 교통사고가 접수되었다.

승용차 두 대가 충돌하는 바람에 찌그러진 차체에 운전자가 끼어있는 위험천만한 상황이라고 하였다. 현장에 나온 출동대는 환자 발생 및 중증도를 분류하는 것에서부터 구조 활동을 전개해야만 한다. 선착대로 백사장에 배치되어 있었던 구급대가 일찌감치 도착하여 사고를 수습하는 중이었다. 상처가 심하여 과다 출혈로 쇼크에 이를 수도 있는 환자에 대한 응급처치가 적절하게 이루어져 있었다.

환자의 구호는 우선 의식과 호흡, 맥박을 확인하고, 심한 출혈, 골절 등의 부상으로부터 환자의 생명을 위협하는 문제점을 찾아내고 이를 처치하는 행위에서부터 출발한다. 2차 손상을 방지하기 위한 부목 고정, 감염의 최소화를 위한 환부 세척과 정맥로 확보를 통한 수액 처치에 이르기까지 모두가 꼼꼼하게 일사천리로 진행되었다.

도착한 구조대는 다른 차량 내부에 갇혀 꼼짝을 못하는 운전자 구조에 나섰다. 유압 장비, 동력 절단기 등 적절한 장비를 이용하여 신속한 구조작업에 열중하였다

꽃구경을 마치고 귀가하던 차량 안의 사람들이 안타까운 표정으로 이 광경을 지켜보고 있었다. 현장 분위기는 매우 어수선한 상태였다. 그 속에서도 소방관들은 묵묵히 임무수행을 위해 신경을 집중하였다.

소방관들의 행동 수칙으로는 이런 말이 전해지곤 하였다. 독수리의 눈(Eagle's Eye)으로 현장을 파악하고, 사자의 강심장(Lion's Heart)이 되어 상황을 통제해야 한다는 것이다. 이어서 숙녀의 손길(Lady's Hand)처럼 부드럽고 섬세하게 환자의 고통을 어루만져주어야 하였다.

이후에는 부상의 정도에 따라 치료 가능한 의료기관으로 이송해야 한다. 다수의 응급환자가 발생한 상황에서는 당해 의료기관과

나는 대한민국 소방관이다

의 협조를 통하여 환자를 분산 이송시키는 일도 중요하였다. 경, 중의 차이는 있겠지만 소방관의 업무는 늘 전쟁을 방불케 하는 긴급한 성격을 지니는 게 많았다.

지역민들 모두의 노력으로 별다른 대형사고 없이 진행되어 왔던 꽃 박람회의 마지막 일정이었다. 사고 차량은 하필이면 저 멀리에서 꽃구경을 나온 강원도와 경기도의 차량이었다. 말을 아끼면서 사고 처치에만 열중했던 소방관들의 눈빛에도 안타까움이 비치는 것은 어쩔 수 없는 인지상정이었던 것 같았다.

이번 꽃 박람회 준비를 위해 직, 간접적으로 관여했던 많은 이들의 덕분에 행사는 순조롭게 진행되어 막을 내렸다.
소방에서는 국제단위의 이벤트인 꽃 박람회의 성공적 개최를 위해 최선의 노력을 다하였고, 동료 소방관들은 작은 사안이라 생각되는 부분일지라도 서로 논의하고 협조하면서 일정별로 계획한 과제들을 실행에 옮겼다.
대략적인 활동을 돌아보면, 숙박업소 관계자에게 응급처치 및 소방안전교육을 실시하였고 관내 민박, 펜션 등 수많은 숙박시설에 대한 소방안전점검, 유관기관 합동 대테러 모의훈련, 꽃 박람회장 내부 화재예방 순찰 점검을 수시로 실시하였다. 가상 화재 발생에 대한 현지 출동훈련도 이루어졌다.
특히 인화 물질의 사용에 따른 작업 인부들의 부주의 및 담뱃불로 인한 착화(着火) 가능성에 대한 홍보와 관리 감독이 진행되었다. 순찰 활동 시엔 소화기 비치 여부를 꼼꼼히 확인하곤 하였다.

아무리 화려하고 아름다운 '축제의 장'이라 하더라도, 지난날의 경남 창녕에서 벌어진 화왕산(火旺山) '억새 태우기' 행사의 교훈을 잊어서는 안 된다는 생각이었다. 이런 과정에서 눈코 뜰 새 없이 바쁘기만 했던 현장 관계자들의 적극적인 이해와 협조가 있었기에 소방관들 역시 든든한 마음으로 업무에 임할 수가 있었다.
"고생한다, 수고가 많다"라는 인사는 물론이고 "우리가 미처 생각지도 못했던 점들을 알려주어 고맙다"라는 신뢰가 박람회를 지키는 소방관들에게 큰 힘이 되어 주었다.

'꽃, 바다 그리고 꿈'이란 기치를 내걸고 펼쳐진 안면도 국제 꽃 박람회'는 그렇게 대단원의 막을 내렸다. 꽃향기에 취해 바라보았던 서해 바다의 장중했던 저녁노을은 우리의 꿈을 이야기하기에 충분하였고, 그 한 편에 자리한 '할미 할아비 바위'는 무던한 모습으로 우리의 오고 감을 지켜보아 주었다.

아직은 병상에서 치료의 아픔을 이겨내고 있는 사고 차량의 관람객은, 회복이 되면 다시 이곳을 찾을 거라는 감사의 인사를 들려주었다. 완쾌를 비는 염원의 마음을 전한 나는 다시 소방관의 일상으로 돌아가고 있었다.

끝없는 이야기에 붙여
– 서양화가 허윤희의 전시장 관람 후기

　보안에 부쳐야 할 사항이었을까. 기밀유지를 위한 장막일 수도 있다는 말이었을까. 서양화가 허윤희의 "끝없는 이야기"는 전시장소의 이름과 맞물려 묘한 궁금증을 자아내게 하였다. 작품명에서도 짐작할 수 있는 것처럼 150cm×500cm의 화지에 풀어 낸 충동적 이야기들이 끝없이 전개되고 있었는데, 그 끝이 어디인지 가늠하기 힘들었다는 것이 나에게는 일말의 아쉬움으로 남았다.
　마치 속 옷자락을 살짝 내보인 듯이 캔버스엔 보이지 않는 경계를 포함하여 맹렬한 의식의 세계를 펼쳐 보이는 중이었다. 그것은 사람이나 사물을 비롯하여 나뭇가지며, 꽃 그리고 거대한 종 등을 비유와 생략의 자리에 배치하여 형상화 시켰다.
　한편으로 그것들은 자유로운 모습들이다. 회화에 대하여 초보적인 사람들일지라도 그의 그림을 감상하는 것은 그리 어려운 일이 아니었다. 몇 번이나 좌우를 번갈아 보았다. 위에서 아래로, 아래에서 위로 훑어보았다. 그때마다 그림에서는 새로운 세상이 태어나고 있었다. 그림을 보는 마음이 즐거워졌으며, 새로운 감흥의 파노라마

속으로 빠져드는 느낌이었다. 그리고 이어지는 감추어진 내면의 세계에 대한 궁금증이 증폭되기 시작하였다.

조금씩이라도 그 옷자락을 들치거나 벗기고 싶은 충동이 일어났다면, 작가의 의도는 완성되었을까. 아니라면 그것은 작가의 의도와는 아무런 상관이 없는 나만의 감흥이었을까.

처음엔 화폭에 나타나 있는 그것이 작품의 전부인 줄로만 알았다. 긴 소맷자락이 돌돌 말린 것 같은 부분에서, 제목에 부합되도록 하기 위해 캔버스를 말아놓았다고도 생각했다. 그런데 그게 아닌 것 같았다. 알록달록한 문양의 아크릴 물감이 눈 속으로 비춰드는 순간 궁금증이 밀려와 참을 수 없게 되고 말았다. 살짝 만져본 화폭의 촉감이 오톨도톨하게 느껴졌다. 말아서 접힌 소맷자락을 손가락 하나로 살짝 건드려 보고 나서야 아차 싶었다. 무지함에서 비롯된 빈약한 상상력은 여지없이 허공으로 흩어지고 말았다.

그림 속의 긴 이야기를 들려주기엔 전시 공간이 협소했다는 점에서, 오히려 끝없는 이야기가 성립되는 아이러니가 거기에 있었다. 세로 5m의 작품을 한눈에 감상하기 위해선 그것을 내 걸만한 대형 전시장이 필요했을 것이다. 오페라글라스라도 지참해야 했을 것이다.

하지만 그렇게 전시를 했다 하더라도 그 끝이 훤히 보이는 내용 안에서 끝없는 이야기가 과연 종결될 수 있었겠냐는 생각이 찾아왔다. 하지만 이것도 앞서 언급했듯이 별 의미 없는 하나의 궁금증에 지나지 않을지 모른다.

작가는 40대 중년의 여성이다. 기품 있고 중후함이 베어난 작

나는 대한민국 소방관이다

품을 혹여 기대했다면 또 한 번의 문외한임을 자청하는 꼴이었을 것이다. 그렇게 나는 거기에서 초등학교 학예회장에 내걸린 한 점, 한 점의 그림들을 보았다. 우리가 명작이라 일컫는 화가의 그림을 대할 적에 그것이 어렵다거나 난해하여 머리가 아플 지경에 있는 것만 존재하는 것은 아니지 않는가. 오히려 단순하고 투박하여 작가의 순진함이 묻어난 것들도 부지기수로 많았다. 굳이 한 시대를 풍미했던 거장들을 떠올리지 않더라도, 이 땅의 유명 화가들, 예를 들면 가장 한국적인 작가인 동시에 가장 현대적인 작가로 평가받는 화가 이중섭은, 사실상 외국 작가인 모네, 고갱, 고흐, 폴 세잔 등의 고전적인 작품을 통해 영향을 받을 수밖에 없었을 것이다. 이중섭은 또다시 후대의 화가인 김환기 등을 비롯한 국내의 수많은 화가들에게 나름대로의 영향을 끼쳤을 거라는 점 역시 주지의 사실이다. 이중섭의 작품 '소'나 '닭', '모래 위의 아이들', '망월' 같은 작품을 통해 누구나 쉽게 이해할 수 있는 회화적인 강한 메시지를 남기기도 하였다. 언뜻 허윤희의 화폭 속에도 희미하게나마 이중섭의 세계가 비쳐 들어 있었다.

그렇게 작가는 지금 자신과의 외로운 투쟁을 벌이고 있는지도 모른다. 끝없이 밀려드는 적으로부터 험난한 전투를 벌이고 있는지도 모른다. 이는 자신의 화풍을 완성하기 위해서일 것이고, 자신의 예술세계를 완성하기 위해서일 것이다.

그녀의 작품 앞에 동화되어 한동안의 상상의 경계로 내몰리고야 말았던, 그 끝없는 이야기는 그래서 현재진행형으로 오래도록 화폭에 머무를 것이다.

풍금에 대한 기억

⚜

'음정'은 높이가 다른 두 음 사이의 간격을 의미한다. 학교 수업 시간에 주로 접했을 이 음정은 우리 집 큰 아이의 이름이기도 하였다. 아이가 태어나자 우리 부부가 고민 끝에 지은 이름인데, 처음에 아내는 아이의 이름을 이렇게 지어도 되는지 내게 묻기도 하였다. 음악을 사랑하는 마음은 이해하지만 아이의 이름으로는 어딘지 어색하다며 난색을 표하기도 하였다.

그런데 시간이 흘러 아이의 이름이 익숙해지자 주위에선 오히려 예쁜 이름일 뿐 아니라 잘 잊히지 않을 것 같다는 덕담을 듣곤 하였다.

아내는 둘째 아이의 이름 역시 내게 일임하려는 듯한 눈치였으니, 그 아이의 이름 역시 나는 '음표'라고 부르기로 하였다.

아이들 이름에 대한 나의 마음은 별다른 게 아니었다. 음정은 아이가 살아가면서 사람들과의 관계에서 늘 알맞은 음정으로 맑고 고운 모습을 간직하게 되기를 바랐고, 둘째 아이 음표는 많은 이들에게 위안과 격려가 되는 선율처럼 자라기를 바랐던 명명이었다. 아이들의 이름을 음정, 음표로 지은 나의 마음은 다른 부모들도 한 번 쯤은 고민해 보았을 지점에서 태어난 것이었을 뿐이다.

    부부간에 이미 산아제한을 약속했는데도 아내는 가끔씩 농담조로 이야기하는 게 있었다. 아이 한 명을 더 두게 되면 이번엔 그 이름을 박자로 해야겠느냐고 묻는 것이다. 잊을만하면 입버릇처럼 들먹인 것이 여러 번이었다. 바라고 원하면 이루어지는 것이 삶의 이치인지는 모르겠으나, 어느 날 아내의 농담은 진담이 되고 마는 일이 생기고 말았다. 누구도 예상치 못한 식구 하나가 나타났다. 그것은 가까운 지인으로부터 분양받게 된 '닥스훈트' 강아지였는데, 이번에는 아내가 전면에 나서 그것의 이름을 박자라고 붙여 주었다.

    이렇게 해서 우리 부부는 슬하에 음정, 음표, 그리고 박자를 두고 살게 되었다. 이름에 걸맞게 아이들이 네 살이 되던 해부터는 둘다 피아노 학원에 등록하였다. 비교적 조기에 음악교육을 접하도록 하게 했던 셈인데, 그런 노력의 결과였는지 큰 아이 음정은 자라서 음악학부 피아노과에 진학하는 대학생이 되었다. 그 아이는 지금 이 시간에도 협화음과 불협화음을 함께 아우르고 다독이면서 세상을 향한 자신의 "음정" 창조에 진력을 다하고 있는 모습이다.

    둘째 음표는 2분 음표, 4분 음표가 아닌 쉼음표라는 이름으로 사회복지학부에 재학 중이다. 늙고 병들고 가난한 이들을 돌보며 살겠다는 마음이, 둘째 아이가 걷고자 하는 "음표"의 꿈이 되었다.

    막내에 해당되는 박자는 지금 무얼 하고 있을까. 특유의 맑은 눈빛으로 먼 곳을 바라보며 이제나저제나 주말을 맞이한 언니들이 오기만을 기다리는 눈치다. 그러다가 마음을 달래기라도 하는지 펄

쩍펄쩍 뛰면서 꼬리를 흔들고 항상 재롱을 피우는 모습이 얼마나 귀여운지 모르겠다. 제 나름의 박자와 리듬을 유지하며 저에게도 주어진 삶을 살아가기를 바라는 마음이다.

    아이들의 이름을 음악 용어로 대신하고, 조기 교육을 시키며 일찍이 음악적 정서 함양에 힘쓴 이유가 있었을까. 모르는 사람들은 무슨 음악가 집안인가, 아니면 음악협회 같은 곳과 무슨 인연이라도 있는 게 아닐까 생각할 수도 있을지 모르겠다. 그러나 나는 애초부터 그런 것과 아무런 연관이 없는 사람이다. 다만 내 삶에 적지 않은 영향을 미친 음악에 대한 인연은, 70년대 초의 한 시골 초등학교 음악 시간으로 거슬러 올라간다.

    면소재지에 자리한 아담한 학교였다. 학년별로 두 학급이 있었고 반 아이들의 수는 50여 명 안팎이었다. 당시 나는 그 학교의 2학년생이었다. 아름드리 벚나무가 운동장 둘레에 자리하여 울타리를 이루고 있었다. 수업 시간이면 나는 수시로 창밖을 바라보는 습관이 있었다. 선생님의 시선을 피해 가며 건성으로 수업을 듣는 불량학생의 모습이었는데, 왠지 나는 공부보다는 먼 곳의 풍경들을 바라보거나 꽃들과 나무들에게로 관심을 더 많이 기울이곤 하였다.

    생업을 위해 읍내에서 따로 사시는 부모님 생각을 하거나, 집안에 홀로 계시는 할머니 생각을 하는 버릇이 들어 있었다. 먹고 싶었던 여러 가지 음식들을 상상해보는 날도 있었다. 그러다가 뿌연 먼지를 일으키며 트럭 한 대가 운동장을 가로지르며 다가오면 나는 속으로 쾌재를 불렀다. 급식을 위해 달려온 **빵**을 실은 차였기 때문이다. 당시 나는 몹시 외롭고 가난하고 초라한 시골 초등학생이었다는 사실을 새삼 떠올려본다.

정해진 수업 시간이 끝나자 다음 시간을 위하여 우리는 '제주도 교실'로 이동을 시작하였다. 본관 건물 끝에서 이십여 미터 떨어져서 위치한 그곳을 아이들은 제주도 교실이라고 불렀다.

제주도 교실은 다름 아닌 음악수업 교실이었다. 교감 선생님과 함께 음악 시간이 이루어지곤 하였다. 곱슬머리에 유난히 머리가 크셨던 교감 선생님은 돋보기안경 속에서 유난히 까맣고 선한 눈빛을 내비치던 인상적인 분이셨다.

교내에 단 한 대뿐인 풍금이 그 교실에 놓여 있었다. 교감 선생님은 항상 그곳에서 아이들을 기다리고 있다가 교과서에 들어있는 노래들을 가르쳐 주곤 하셨다. 교감 선생님의 풍금 소리는 언제 들어도 아름답고 환상적으로 내 귀에 들려오곤 하였다.

수업이 시작되면 선생님은 그날 배울 노래를 먼저 풍금으로 연주하셨다. 두 번이고 세 번이고 계속해서 연주를 이어가면 마침내 아이들이 하나 둘 작은 소리로 노래를 따라 불렀다. 그렇게 아이들 전체가 활기 있고 자신감 있는 목소리를 내는 데는 그리 많은 시간이 걸리지 않았다. 따라 부르는 횟수를 거듭할수록 교실 안의 화음은 무르익어 가기 시작하였다. 돌림 노래로 합창을 하는 동안에도 먼저 시작한 1, 2분단과 뒤쫓아 부른 3, 4분단 간의 경쟁이라도 하려는 듯 목소리를 가다듬고 신경을 기울였다.

그러다가 독창의 시간도 진행되었다. 번호 순으로 나와 선생님의 풍금 옆에 서서 지정된 노래를 불렀다. 수업의 흐름이 선생님과 아이들 간의 무언의 약속으로 굳어진, 말 그대로 살아있는 음악 시간이었다. 선생님이 특정 화음을 길게 한 번 누르면 차례가 된 아이가 나와서 준비를 하고, 이어진 다음 화음에 맞추어는 차렷을 하였다. 마지막으로 이어진 화음에 따라 반 아이들을 향하여 인사를 한다. 예를 들면 으뜸화음, 딸림화음, 한 옥타브 위 으뜸화음을 차례대로 누르고 그에 맞게 등장과 인사를 하는 방식이었다. 그것은 지금 생각해도 참 운치 있고 세련미가 넘치는 약속 같았다.

    반주가 시작되었다. 아이들을 향하는 것이 부끄러웠는지 내 눈은 자꾸만 건반을 아우르는 선생님의 손길에 머무르고 있었다. 굵고 투박한 손가락이었는데도, 선생님의 손길은 건반 위에서 마치 한 마리 물고기처럼 부드럽고 민첩하게 움직였다. 그럴 때마다 선생님의 두 손등도 선율에 맞춰 물결같이 사뿐사뿐 노니는 모습이었다. 하루는 갑자기 선생님의 손길을 바라보다가 목이 메고 말았다. 일순간 선생님의 풍금 소리가 소년의 마음을 쥐어흔들기라도 했던 것일까. 눈을 감고 마음을 가라앉혔다. 선생님의 풍금 소리가 한동안 아름다운 음정과 음표와 박자가 되어 어린 내 영혼 속으로 스며들기 시작하였고 나는 이미 음악에 빠져드는 자신을 만나고 있었다.

    그때부터 나는 음악적 관심과 노력을 기울이기 시작하였다. 수업이 없는 날에도 내 가방엔 항상 리코더가 들어 있었다. 쉬는 시간이나 점심시간에도 틈만 나면 악기를 불어대곤 하였다. 반 아이들도 삼삼오오 내 곁으로 몰려들어 서툰 내 연주를 감상하기에 이르렀다.

    중학교 시절에는 교내 합창단에 들어 활동하였고, 고등학교에 진학해서는 밴드부에서 음악 활동을 이어 나갔다. 자라서는 학교 시절의 경력을 인정받아 군악대에서 군 복무를 마칠 수 있었다.

    행인지 불행인지 알 수 없지만 집안의 극심한 반대로 나는 그 이상 음악을 전공할 수 없는 처지가 되고 말았다. 그렇지만 피우지 못했던 나의 음악에 대한 꿈을 첫째 딸 음정이가 피아노를 전공하며 아빠의 미련을 달래주었다. 중년의 나이에도 나는 아직도 가끔은 딸아이의 피아노 앞에 앉아 연주를 해보곤 한다.

    지금도 나는 '풍금'이라는 단어를 떠올리면 눈시울이 젖어드는 것 같은 상념에 빠지곤 한다. 비록 어린 시절에 겪은 자그마한 음악적 충격이기는 하였지만, 그때 그 순간의 아름다운 기억은 내가 살아가는 동안 영원히 지워지지 않을 유년의 기억으로 남아 있다. 풍금 위에 얹힌 선생님의 손길과 함께 음정이와 음표 그리고 막내자식이나 다름없는 박자를 내 아내와 더불어 오래도록 사랑하며 살아갈 것이다.

119 구급대원의 제언(提言)

⚜

　　우리가 일상생활을 영위하면서 거론되는 수많은 논리의 근거에는 동전의 양면과 같은 이면이 존재한다. 어떤 논지는 처음보다 비약이 되기도 하고, 또 어떤 관점은 굴절과 왜곡에 빠져들기도 한다. 그러나 이것들은 모두 정당한 절차와 진실의 체에 걸러져야만 비로소 정의의 경계에 가 닿을 수 있을 것이다.

　　"119 구급차량이 급하지도 않으면서 신호에 걸리니까 사이렌을 울리다가 신호를 빠져나간 뒤에 사이렌 소리를 끈다."는, 119 구급차량의 준법운행을 요구하는 민원이 얼마 전 대통령 비서실 『인터넷 신문고』에 접수되었다. 소방관의 한 사람으로서, 소방업무에 대한 관심에서 비롯된 민원이라 받아들이고 싶은 마음이다. 그리고 아무리 긴박한 구급대원 임무수행 중이라도 국민에게 누가 되는 일이 없도록 주의를 기울여야한다는 다짐이 들게 하는 내용 같았다.

　　항간에 떠도는 병원 엠블런스 운행에 관한 불신이라거나 험담들 역시 그러한 측면에서 서로 깊게 들여다보아야 할 것 같다. 천에 하나 만에 한 건이라도 환자 이송이라는 절체절명의 긴급 업무를 빙자하여 본래의 취지에 이반되는 실태가 있었다면 이는 반드시 바로잡아야 할 사회적 사안이라고 생각한다. 차제에 119 구급자동차 운행과 관련한 내용을 몇 가지 살펴봄으로써 이에 대한 이해를 돕고자 한다.

119 구급차량의 운행에 관한 사항이다. '응급환자를 탑승시킨 이후에는 가급적 경보기를 울리지 아니한다. 응급환자 발생 장소로 출동할 경우는 경보기 사용을 최대한 삼가며, 상황에 대처한다.'(응급의료에 관한 법률 시행규칙 제30조 관련)고 규정하고 있다.

근래에 생활환경에 대한 관심이 고조되면서, '소음공해' 역시 사람들의 정신건강을 위협하는 요소로 알려져 있다. 소음은 건강한 사람에게도 긴장과 불안을 조장할 수 있는데, 특히 질병이나 육체적 정신적 손상을 받은 환자들과 보호자들에겐 커다란 위협요소가 될 수 있다는 건 두말할 나위가 없을 것이다.

따라서 119 차량은 한밤중 한적한 도로를 통행할 경우에 비상 출동이라 하더라도 사이렌 경보를 최대한 자제하는 게 상례이다. 한편으로 일부 구급대의 경우지만 고통에 신음하는 환자를 위해 구급차의 스피커를 통해 조용한 음악을 들려주고 있기도 하다. 또한 현행 도로교통법에는 긴급 자동차의 특례조항(도로교통법 제25조 4, 5항 관련)이 있다. 긴급자동차가 그 본래의 목적으로 운용되는 가운데 교통상황에 따라 신호를 무시할 수도, 중앙선을 침범할 수도 있다는 등의 내용이다. 물론 이럴 경우에 일어나는 모든 사고의 책임은 그 차량의 운행자에게 있음을 규정하고 있다.

환자를 보다 신속하게 의료기관으로 이송하는 상황일지라도 사고의 책임소재는 불가피하다는 사실이다. 그러므로 민원에 제기된 내용처럼 신호에 걸려 모든 차량이 대기 중인 상태에서 사이렌을 울려 주위를 환기시킨 뒤에, 교통사고의 위험을 미연에 방지하면서 행한 운행 방식은 적절한 조치였다고 말할 수 있을 것이다.

따라서 '준법운행'이라는 원칙만으로 고통에 신음하는 환자와 그 가족을 외면하는 자세라면 '긴급자동차'라는 말이 무색해질 수도 있다. 논제의 중요한 핵심은 응급 또는 비응급 환자에 대한 의학적 판단은 순전히 당해 환자를 처치하고 이송하는 구급대원에게 있다는 점을 간과할 수 없을 것이다.

그러므로 먼저 확립되어야 할 것은 모든 구급차량의 운행자에게 요구되는 건강한 직업의식일 것이며, 다른 한편으로는 생명의 존엄성과 그 가치를 소홀하게 여기지 않는 시민의식의 발로일 것 같다.

누구나 알고 있는 사실처럼 '신문고'란 조선시대부터 백성의 하소연을 임금에게 전하는 활인과 상생의 제도였다. 민원을 제기한 시민의 입장을 결코 훼손하거나 폄훼하려는 생각이 아니라는 점을 이 대목에서 거듭 밝히기로 한다.

앞으로는 민원에 제기된 내용과 같은 경우엔 먼저 인근의 관할 소방관서에 연락하여 사태의 진위를 파악하고, 실제로 그런 문제가 발생하였을 시에는 확실하게 시정이 이루어지는 방향으로 문제의식들이 해결돼 나갔으면 하는 생각이 들었다.

가을의 단상

⚜

　가을이 되면 나는 저절로 영화 속의 주인공이 된다. 은백색 태양이 무대 위의 조명을 밝히면, 풍경이 은성한 스크린이 눈앞에 펼쳐진다. 산과 들이 어딘지 멀어 보이고, 향기가 무르익은 과일나무들 위로 바람이 불어 간다. 오는 곳을 알 수 없는 바람결이 대자연의 서정을 일으켜 주면, 그 사이에 완성되어진 시나리오는 자꾸만 나를 이끌어 어디론가 데리고 가는 환상에 잠기게 한다.

　양복을 입고 싶다는 생각이 드는 것도 왠지 이때부터이다. 특별한 약속이 없어도 상관이 없었다. 한적한 공원을 혼자서 걷는 느낌을 맛보고 싶어지기도 하였다. 오랜만의 정장 차림은 몸가짐을 한결 돌보게 한다. 걸음걸이도 가지런해져 간다. 한발 한발 여유로운 발걸음을 내딛다 보면 마음속으로 찾아드는 기억들이 있었다. 지나갔거나 잊혀진 것들이 그리워진다.

　마음이 겸허해지기 시작한다. 무엇 때문일까. 어디선가 불쑥 모르는 사람이 하나 다가와서 내게 길을 물었던 순간에게도 고마움을 느낀다. 길가의 청소부들의 몸짓이 평화로워 보인다. 오랜만에 걸려온 전화기 속 친구의 목소리가 말할 수 없이 반가워지고, 가슴에 맺혀있는 시 한 편의 내용이 나를 위무하는 시간 속에 멈추어 보게 한다. 가끔 들리던 찻집의 문이 아직 열리지 않았으면 어떠랴. 자판기 커피잔 속으로 코를 대면, 따뜻한 향기 속으로 낙엽의 냄새가 내려앉는다. 언젠가 이곳에서 당신을 만났고 또 누군가와는 헤어짐을 경험하기도 하였다. 지난봄부터 여름의 끝자락까지, 우리는 그렇게 지내 왔다. 어서 와, 반가워, 그래 안녕. 그렇게 우리들이 서로에게 들려준 지나간 말들이 가을의 석양 속으로 물들어 가고 있었으므로.

가을은 새삼스런 생각을 하도록 가슴을 어루만져 주는 계절이다. 계절의 속삭임들이 바람 소리로 불려 왔다가, 가장 고갱이의 것들만 지상 위에 남겨 놓고 떠나가는 중이었다.
하모니카를 처음 배우던 소년이 하나 거기에 서 있었다. 사진관 앞을 지나서 학교에 가는 길 위에, 겨울을 준비하는 어른들의 과일 리어카들이 하나 둘 늘어가는 스크린 속으로는, 무르익은 가을의 시나리오 한 편이, 이제 막 코스모스 꽃길을 비춰주기 시작하였다.

그곳에 우리가 있다 1

서울이 고향이 아닌데도 고향으로 생각하며 사는 사람들이 많다고 한다. 2011년의 한 조사에 따르면 실제로 서울 토박이는 46.5%에 지나지 않고, 절반이 넘는 타지역 출생 시민들이 '살다 보니 고향같이 느껴진다'는 내용이었다. 이런 설문이 신선하게 다가왔던 것은 그동안 지녔던 내 인식에 변화를 가지게 하였기 때문이다. 각박한 도시생활을 접고 귀농을 결심하는 사람들이 늘어가는 추세이다. 특히 은퇴 이후에 시골에서의 삶을 꿈꾸는 이들의 희망에 대하여 생각해 보게 하였다. 현대에 들어서 타향이나 고향은 사람들에게 어떤 정서로 자리 잡고 있었을까.

어렸을 때 시골 마을을 지나는 완행버스는 모두 서울로 가는 차였다. 30분 남짓 걸리는 읍내에도 다녀온 적이 없었던 아이에게, 고향 바깥은 모두 다 서울같이 여겨지는 마음이 들곤 하였다. 또래들과 어울리다가 신작로 끝으로 먼지를 일으키며 떠나가는 버스를 시샘하듯 바라보곤 하였다. 저걸 타면 서울에 갈 수 있는데 하는 생각으로 의기소침 해지던 나였다. 어느 날 엄마 손을 잡고 털털거리는 버스에 올랐다. 읍내 장(場)에 가는 길이었다. 그래도 들뜬 마음으로 당도한 아이의 '서울'엔 사람도 많고, 차도 많고 너른 길 옆으로 건물과 상점들이 줄지어 서 있었다. 하지만 그곳은 마음속으로 지어낸 서울이었다.

처음으로 서울을 찾은 때는 중학생이 되고 얼마 지나지 않아서였다. 갑작스런 병환으로 큰 수술을 받게 된 아버지의 병문안을 나선 것이다. 그런 이유였더라도 꿈에 그리던 서울을 가게 됐다는 사실에 들뜬 기분을 감출 수 없었다. "어서 오십시오. 여기는 서울입니다."라는 대형 현수막이 소년의 첫 서울 입성을 환영하여 주었다. 생각처럼 그곳엔 특별한 무엇인가로 가득 채워져 있었다. 한남대교를 지나면서 내가 탄 버스가 한강을 가로지르고 있다는 사실이 믿기지 않았다. 멀리 보이는 산꼭대기 뾰족 탑이 만화 속의 비행체와도 같이 신비스러웠다.

병원 건물의 승강기에서 내릴 땐 잠시 몸의 균형을 잃기도 했다. 큰 건물과 각종 시설들로만 가득 찬 풍경들이 숨이 막힐 듯한 육중함으로 다가들기도 하였으며, 무엇인지 나의 마음을 실망케 한 광경 또한 적지 않았다. 지하철 입구에 죄인처럼 엎드려 구걸하는 하반신 장애를 가진 아저씨는 고무로 감싼 몸뚱이를 땅에 붙이고 있는 모습이었다. 성냥갑같이 눌어붙어있는 달동네의 모습도 눈에 들어왔다.

중년을 넘긴 지금 한 달에 두세 번씩은 서울에 간다. 무슨 볼일이 있어서만은 아니다. 큰 서점에 들러 책을 사거나 값싸고 품질 좋은 옷가지를 구하러 가기도 한다. 청계천으로 가서 그곳의 물길을 따라 걸어보는 날도 있다. 물고기와 우연히 마주라도 할 땐 어린 날의 추억이 떠오를 때도 있었다. 다음에 와서는 무엇을 만나게 될까 궁금해진다. 그렇게 시간 가는 줄 모르다가 좁은 시장 골목에 발을 들여놓아본다. 아내와 함께 와서는 막걸리를 마셨던 적도 있었다.

연애를 하던 시절이었다. 주말에 만난 두 사람이 모처럼 서울에 왔고 나는 큰 빌딩의 높은 층에 자리한 레스토랑으로 그녀를 안내했다. 생음악을 연주하는 무대가 있었고 때마침 은은한 피아노 선율이 실내에 흐르고 있었다. 주변 경관을 내다볼 수 있는 창가에 가서 앉았다. 포크와 나이프를 집어 든 내 모습이 어색했지만 당황하지 않았다. 나는 부드럽게 대화를 이어가며 익숙한 척 스테이크를 자르는 모습을 연출하고 있었다. 그런데 그때 그녀가 돌연 훌쩍거리는 모습을 보여 나를 몹시 당황하게 하였다. "엄마는 지금 무얼 하시고 계실까. 저녁은 드셨는지 모르겠네."라며 눈물을 글썽였다. 홀어머니와 함께 사는 그녀가 갑자기 맛있는 음식을 앞에 두고 엄마 생각이 난 것 같았다. 어려운 형편에도 여러 자식들의 뒷바라지에 젊음을 바친 예비 장모님이셨다. 칠십 노구의 성치 않은 건강이 평소에도 그녀에겐 가장 큰 걱정거리라고 하였다. 하지만 나는 이런 자리에까지 와서 돌발행동을 하는 그녀가 마음속으로는 썩 이해되지 않았다. 불과 몇 시간 전에도 어머니와 함께 하였고 병석에 누워 계시는 것도 아니었는데, 어쩌면 내가 생각하는 것보다 그녀의 마음이 여린 것 같았다. 그럭저럭 식사를 마치고 나와 도심의 한복판을 함께 걸었다. 볼거리들이 곳곳에 널려 있었고 저마다의 모습으로 인파들이 우리 곁을 지나쳐 간다. 이내 사방이 어두워지고 있었다. 아직도 촉촉한 그녀의 눈망울에 깨알만 한 구슬이 반짝이고 있었다.

군대 신임 병 시절, 산허리에서 바라본 불빛은 나를 초라하게 했다. 저녁 무렵에 내무반에서 혹은 경계근무를 서다가 눈에 들어온 바깥세상의 야경 때문이었다. "저리 큰 보석 상자를 누가 풀어 놓았을까" 온갖 귀중품들의 모양과 빛깔로 캄캄한 밤이 장식되어 있었던 스카이라인은 하늘의 총총한 별들과 함께 수많은 상상을 불러일으켜 주었다.
그러는 사이에 날이 서서히 밝아오기 시작한다. 먼동이 트이면 경쾌한 드럼 마취가 전주곡으로 연병장에 올려 퍼졌다. 이윽고 이어지는 그 시절의 노래, "종이 울리네, 꽃이 피네, 새들의 노래 웃는 그 얼굴" 그때 나에게도 어머니 생각이 찾아오던 기억이 있다. 내 눈망울 속에도 서울의 야경 속에서 반짝이던 그녀의 눈물방울이 어른거리기도 하였다. 그때 그녀의 감정도 나와 같았던 것은 아니었을까.

하루해가 산등성이에 걸리면 몸과 마음이 따라 분주해진다. 일상의 아쉬움이 서쪽 하늘에 깊은 정으로 얼룩이 진다. 같은 공간에서 함께 지낸다는 사실만으로 마음 푸근해지는 곳, 주소를 두고 살지 않아도 나를 끌어들이는 도시의 모습이 있다. 역동적이면서 마음 넉넉한 고향이다. 오늘도 다투고 부대끼며 삶의 희망을 쫓아 온 사람아, 내일을 기약한 채 떠나간 시간처럼 우리도 잠시 숨을 골라

나는 대한민국 소방관이다

야 하는 건 아닐까. 반가운 얼굴이 마주하고 어스름한 그리움도 스멀거리는 이 저녁 가로등 불빛 머금고 새날을 준비하는 도시의 어둠 속에서.

그곳에 우리가 있다 2

✤

"돼지고기 수육 꺼리로 두 근 주시겠어요?" 대형 냉장고에서 꺼내든 고기를 나름의 눈대중으로 저울에 올리는 주인에게, "집사람이 꼭 강금실 아줌마 집에서 사라고 하던데요."라고 들려주자, 그녀의 얼굴에서 환한 미소가 번져 오른다. 정육점 주인이 유명한 여류 정치인의 용모와 비슷해서 지어준 이 집의 이름이었다.

두어 달 전 아내와 장을 보러 왔다가 나누었던 얘기를 그녀도 기억하는 눈치였다. 해맑은 표정에서 아내를 향한 고마움이 전해진다. 그 순간 엔도르핀(Endorphin)이 돌기라도 하였을까. 자그마한 몸매에서 풍기는 즐거움이 가게 안을 환하게 밝힌다.

여자들에게는 꼭 집어 말할 수 없는 '느낌'이란 것이 있는 모양이다. 섬세하게 이루어진 그것은 남자들에겐 없는 여성들만의 전유물이다. 단지 누구와 닮았다는 생각에서 나온 즉흥적인 한마디가 업이 되었는지, 그 집의 고기 맛까지 좋게 느껴지고 말았다. 이후로 고기를 먹는 날이면 아내는 자주 금실 아줌마를 입에 올리곤 한다. 그녀들은 어느새 한 통속(?)으로 발전하여 교감하며 지내는 사이가 되었다.

　다른 한 여자가 있다. 40대 초반으로 보이는 부부가 함께 운영하는 수산물 집의 안주인이다. 상호인 "정 수산" 만큼이나 인상이 푸근하고 친절해 보인다. 지난번에는 시장 통로 전체가 공사를 하게 되어 생선 가게들이 외진 곳에 마련된 점포에서 혼자서만 장사를 하고 있었다. 금슬이 좋아 보이는 부부의 모습만 보다가 외진 곳으로 밀려나와 우두커니 앉아있는 모습을 보니 조금 쓸쓸하게 여겨지기도 하였다. 임시로 나앉은 자리여서 당분간은 혼자여도 괜찮다고 하였다. 착실한 남편은 그 사이에도 놀면 뭐 하느냐고 품일을 나섰다고 하였다.
　시간이 흘러 현대식으로 단장된 수산물 가게에 나와 있는 부부의 모습을 본다. 이전보다 훨씬 정이 깊어진 한 쌍의 원앙 같은 모습이다. 부부는 그렇게 수족관에서 노니는 전어 떼같이 활기 넘치는 일상을 보여주었다.

　전어가 제철이었다. 전어는 9월 중순에서 10월 초까지가 가장 맛이 좋을 때다. 겨울에 대비해 몸에 지방을 축적해 놓기 때문이란다. 그래서 '가을 전어는 깨가 서 말'이란 말이 있거니와 '집 나간 며느리가 전어 굽는 냄새에 돌아온다.'고 하였는데, 요즘에는 마누라나 며느리가 집 나갈 때 전어를 굽는다는 농담도 생겨났다.
　주문한 전어를 손질하는 바깥주인의 손놀림이 예사롭지 않아 보인다. 내장을 손질하고 비늘을 벗기고 두 번 세 번 행군 후에 얇게 회를 치는 모습이 장인의 수준에 이르렀다. 저만한 정성과 노력이 되어야 가을 전어에 대한 예의라는 생각이 들 정도였다. 그러는 사이 안주인은 전어와 함께 드시라며 때깔 좋은 멍게를 한 접시 덤으로 얹어주는 걸 잊지 않는다.

오라는 데도 많고 갈 데도 많은 곳이 시장이다. 주머니가 두둑하지 않아도 부담스럽지 않은 곳 역시 재래시장 안이다. 어머니 연배의 어르신들이 마을 경로당을 대신하여 자리한 곳 같은 느낌이었다. 밭에서 직접 채취한 상추며, 깻잎들과 손수 담근 장아찌와 김치 등을 접하면서 예전의 엄마나 할머니가 챙겨주신 찬거리들을 생각한다. 이것도 조금 저것도 조금, 이분한테도 저분한테서도 조금씩 팔아주고 싶어지는 마음을 어쩔 수 없다.

아내가 직장에서 돌아오려면 아직 두어 시간이 남았다. 그녀는 오늘 시간 여유가 있는 내게 장을 봐 달라는 부탁을 했다. 임무가 막바지에 이르면서 다리가 아프고 허기까지 몰려온다. 이럴 때 아내와 함께라면 꼭 들르는 곳이 있었다. '옛날 빵집'이다. 예전부터 운영해온 집이어서인지, 아니면 옛날에 먹던 빵을 만들어 파는 곳이어서인지는 확실하지 않다. 다만, 이렇게 생각하고 저렇게 생각해도 그곳은 영락없는 '옛날 빵집'이다. 아내는 주인에게 늘 어머니라고 불렀다. 풍채도 좋고, 손맛도 좋고, 인심까지 좋아서 자신의 어머니 생각이 절로 난 것이리라. 언젠가 한 번은 심각한 얼굴을 하고서 "나중에 어머니 빵 맛을 더 이상 볼 수 없을 때가 되면 어떻게 해요." 하면서 맛의 비결과 만드는 과정 등을 진지하게 물은 적도 있었다. 어머니가 더 좋았는지 아니면 빵 맛이 더 좋았는지 모르지만. 새하얀 김이 증기기관차처럼 포옥 폭 피어오르는 커다란 냄비 뚜껑을 열고 아내의 어머니가 빵을 꺼냈다. 투박한 손이 감각마저 마비된 듯 거침이 없었다. 장갑을 끼지 않았어도 뜨거운 열기를 아랑곳하지 않았다. 얼마 전까지는 천 원에 세 개였는데, 조금 올라서 이젠 두 개가 되었다. 그런데 이천 원어치 사면 항상 다섯 개를 담아 주신다. 하나는 즉석에서 아내가 먹고 나머지 봉지를 들고 찾아가는 곳이 있었다. 바로 지금 내가 향하는 곳이다. 아내는 그렇게 잊지 않고 빵을 사 들었다. 술집 어르신을 챙기기 위함이다. 오늘은 나 혼자여서 마음만 갖고 들어와 자릴 찾아 앉았다.

서산 시내 동부시장 안에는 우리 부부의 단골 술집이 있다. 기역 자로 허리가 굽은 생전의 우리 할머니 같은 분이 그 집의 주인이다. 뽀글 머리를 하고 계시고 얼굴이 뽀얗고 잔주름이 엷다. 늙어도 자신을 가꾸는 맵시가 어려 있다. 시골 대문만 한 유리문에는 '각종 안주일체'라는 글씨가 세월에 바래어 있다. 두부 부침과 머리고기가 그중에 일품이다. 막걸리 한 병요! 하며 들어서자마자 냉장고 안의 막걸리 병이 할머니 손에서 트위스트를 춘다.

면장님 차림의 두 노인네가 탁배기 한 사발을 사이에 두고 서로의 언성을 저울질하고 있었다. 동부시장 골목 한쪽의 '해미집'에도 이제 서서히 하루의 그림자가 깊어져 가기 시작하였다.

길에게 길을 묻다

❦

거침이 없다. 신호 대기에 줄지어선 차량들은 녹색 신호가 떨어지기 무섭게 질주를 시작한다. 도로는 언제부턴가 자동차 생산 업체들의 각축장이 되어버렸다. 저들의 질주 앞에 바람도 비껴간다. 종착지가 어디일까. 그들처럼 내가 타고 가는 차는 어디를 향해 가고 있을까. 역주행을 하고 있거나 막다른 길을 향해 가고 있지는 않았을까. 허용되지 않은 가변 차도를 지나거나 길이 아닌 길을 달리고 있지는 않았는지.

차들의 움직임을 바라보면서, 잿빛 아스팔트 위에 덧그어진 차선을 바라보았다. 오래전 운전면허 취득하고 나서 설렘과 긴장으로 도로 위에 나섰던 젊은 날의 기억을 회상하여 보았다.

어느 날인가 학원 강사의 도로교통법에 관한 강의가 진행되고 있었다. "황색 선은 차로의 경계, 백색 선은 차선의 경계입니다. 황색실선은 절대 넘어선 안 되는 선입니다. 추월이 금지된 중앙선과 주정차 금지선도 알아 두어야 겠습니다. 황색 점선은 추월이 허용된 지점이거나 정차가 가능한 지역을 나타냅니다."

강사는 얼굴빛이 희고 큰 눈망울을 지니고 있었다. 눈물이 많을 것 같은 표정의 내 또래 여성이었다. 월세방같이 좁은 강의실에는 아줌마 아저씨들 몇 분과 연세 지긋한 어른이 한 분 모여 있었다. 그들은 강사의 말에 연신 밑줄을 긋거나 당구장 표시를 하는 중이었다. 나는 강사와 강의에 귀를 기울이고 있는 그들의 표정을 몰래 흘깃거려 보았다.

강의는 계속되었다. "백색 실선은 차선 변경이 금지된 선이며, 백색 점선은 차선 변경이 가능한 선을 의미합니다." 그렇게 시간이 흐를수록 내 무료함은 가중되었다. 그러는 사이 나는 자신도 모르는 사이에 속으로 강사를 향한 질문 공세를 쏟아내 보기 시작하였다. "강사님은 넘어서는 안 되는 선을 넘은 적이 있습니까. 앞서 지나는 차가 마음에 안 든다고 갑자기 차선 변경을 한 적이 있는지요. 강사님의 집은 어느 이정표 속에 담겨있나요."

그러다가 생각하니 웃음이 흘러나왔다. 비교적 내성적인 성격이었지만 면허 시험에 합격을 할 즈음에 강사와 나는 개인적인 만남을 가질 만큼 친한 사이로 발전하였다. 운전면허 강사의 어법으로라면 쌍방통행의 사이로 변한 것이다. 우리는 가끔 음악다방에서 만나 커피를 마시고, 시장통 주막집에서 막걸리를 마셨다. 함께 좋아하는 시를 읽어 주기도 하였다. 그것은 청춘의 시간이 나에게 선물해 준 아름다운 기억의 한 조각이었을 것이다.

길을 가다 보면 누구나 적지 않은 장애물을 만난다. 평지를 걷다가도 내를 건너게도 되고 도랑을 뛰어넘기도 한다. 외나무다리를 지나야 할 때도 있었다. 차를 타고 가다가도 직선거리로 치면 금방인 곳을 빙빙 돌아서 가야 할 때도 있다. 목적지에 도착했다고 생각할 무렵, 진입금지 표지판에 가로막히는 일이 왜 없었겠는가. 짙은 안개로 인해 당한 자동차 사고에서 죽음의 문턱까지 갈 뻔했던 적도 있었다.

서른한 살 때였다. 외지에서 공무원 시험을 응시한 까닭에 나는 서산의 집과 직장이 있는 인천을 자주 오고 가야만 했다. 아직 신혼인데다가 결혼 일주년이 될 무렵엔 아이도 생겨나서 평일이고 주말이고를 구분하지 않았다.

어느 겨울 새벽, 그날도 집에 내려왔다가 지각이라도 할세라 서둘러 출근길에 올랐는데, 경기도 어느 지역을 통과할 때였다. 안개 자욱한 곳의 네거리를 직진 신호를 받고 통과하던 순간 지프차와 그만 추돌하는 사고를 겪은 것이다. 내 승용차는 결국 폐차를 시켜야 할 만큼 큰 사고를 일으켰고 나는 한동안 의식이 불분명하여 정신을 차릴 수 없었다. 찬 겨울바람에 정신이 돌아오고 나자 머리가 심하게 아파지기 시작하였다. 오른쪽 무릎 위로 붉은 피가 얼룩져있었다. 그렇게 모든 것이 끝장 날 수 있었던 순간이었다. 그나마 행운의 여신이 간신히 나를 지켜 주었다. 오히려 한 달이란 긴 시간 동안 아내와 아이 곁에서 몸을 추스르는 꿈결 같은 시간을 보낼 수 있게 해주었다.

지금 이곳의 삶이 내 생의 어느 지점인지는 확실히 알지 못한다. 언제까지 이 삶을 지속할 수 있을지도 잘 모르겠다. 다만, 외나

나는 대한민국 소방관이다

무다리를 건너가야만 하는 위기의 순간 속에서도, 가지 말아야 할 길을 가지 않아야만 할 것이었다. 한 눈을 팔지 않고 끝까지 나아가야 할 삶의 숙제이기도 하였다. 앞으로도 남아 있는 그 길은 방향을 잃지 않은 나침반을 가슴에 새겨두고, 길 위에서도 길을 묻는 그런 자세로 걸어가야 할 여정이었다.

아내의 김치

⚜

　나이 드신 분들이 좋아하는 반찬 중에 '지국'이 있다. 무나 배추, 오이 등을 썰어 넣고 물을 많이 부어 담는 물김치를 일컫는다. 그런데 우리 집에선 이 지국이 약간의 변형된 음식으로 자리 잡고 있다. 시큼한 김치를 잘게 썰어 물을 넉넉히 붓고 그것에 국수와 라면을 넣어 끓인다. 수제비 반죽을 떼어 넣어도 좋다. 내용물이 흡사하고 물이 많이 들어가 멀겋게 되었으니, 지국을 끓여 먹는 개념으로도 말할 수가 있었다.

　이 음식의 관건은 잘 익은 김치에 있다. 양념을 따로 하지 않아도 김치에서 지국의 맛이 우러나기 때문이다. 맛있는 김치를 쓰는 게 선결조건인 셈이다. 김치는 배추나 열무 등을 알맞게 절이는 일에서 시작된다. 배추를 반으로 가르거나 큰 것은 네 등분하여 굵은 소금으로 숨을 죽인다. 적당한 때가 되면 다시 거꾸로 엎어놓은 다음에, 간이 들면 헹구기를 하고 물기를 뺀 다음에 본격적인 작업을 해야 한다. 고춧가루, 새우젓, 소금, 파, 마늘, 생강 등의 양념을 배

합한 김치 소를 알맞게 채워 넣는 데까지 어느 것 하나 소홀히 할 수 없는 과정을 지나서야 김치가 된다. 김치는 다시 적당한 온도에서 숙성이 되어야 하는데, 간이나 온도를 못 맞춘 김치는 잘못하면 푸욱 쉬어 버릴 수도 있다.

김치 맛 한 가지로 주부의 음식 솜씨를 가늠할 수 있을 정도로 김치는 우리나라 반찬의 기본이었다. 또한 김치를 가지고 할 수 있는 여러 가지 요리가 개발되어 있기도 하다.

아내는 휴일 아침부터 김치를 담아야 한다는 생각으로 마음이 부산한 것 같다. 얼마 전까지만 해도 우리 집은 김치 걱정은 하지 않았다. 직장 생활을 하는 며느리에 대한 시어머니의 배려 때문이었다. 하지만 지금은 어머니가 병상에 누워 계신다. 그 뒤로 김치 담그기 또한 아내의 일이 되었다. 아내는 그새 새벽시장에 다녀온 모양이다. 시내의 상가 주변에 매일 아침 새벽장이 잠깐 서는데, 주로 시골 어르신이나 아주머니들이 김칫거리나 채소들을 팔러 나온 장이었다. 새벽의 인심과 풍경의 기를 받아와서 그런 것일까. 아내가 담근 김치 맛에는 특별한 향미가 담겨 있었다.

아내의 김치에는 나름의 원칙이 있다. 큰 배추는 네 포기, 작은 것은 여섯 포기이다. 우리 가족 네 명이서 대충 한 달 정도 먹을 수 있는 양이었다. 처음엔 한 달에 한 번꼴로 이루어지는 월례 행사가 약간은 이상하게 여겨지기도 하였다. 그때그때 입에 맞는 것을 사서 먹는 것이 오히려 편하지 않겠냐는 생각 때문이었다. 아내는 왜 자신만의 김치를 고집스럽게 추구하였는지 모르지만 다시 지국 이야기로 돌아가야겠다.

어렸을 때 엄마의 손맛은 김치에서 대부분 이루어졌다. 어렵게 살았던 시절. 아이들과 놀다가 때가 되면 돌아와 아궁이에 불 때는 걸 돕기도 하였는데, 색다른 반찬 한 가지라도 만들어지면 집게손으로 집어먹는 재미가 나는 좋았다. 그 맛은 세상의 무엇과도 바꿀 수 없을 만큼 황홀했다.

　　엄마는 김치 한 포기를 송송 써는가 싶더니 어느새 수제비 반죽을 떼어 넣고 거기에 국수까지 넣었다. 내가 불 조절을 잘못하였는지 부엌 안이 온통 연기로 차올랐다. 엄마의 얼굴에 땀과 눈물이 뒤범벅이었다. 그래도 엄마에겐 모든 것이 뚝딱이었다. 순식간에 양은솥 안에 가득해진 엄마의 지국은 여러 자식들을 아우르기에 부족함이 없었다.

　　내 아이들에게도 먹여주고 싶었다. 어린 시절에 그렇게도 맛있었던 음식이 아니었던가. 김치죽이라 불러도 무방할 지국을 끓이려면 맨 먼저 굵은 멸치와 다시마를 넣고 육수를 내었다. 더 깊은 맛을 내고 싶은 요량이었다. 끓는 육수에 김치를 채 썰어 넣고 라면과 국수를 절반씩 넣는다. 파와 마늘도 넣었다. 참 맛있다면서 아이들이 허겁지겁 먹는 일에 열중하였다. 입맛도 대물림되는 것일까. 아니라면 아빠가 해준 것이어서 그럴까. 평소에 먹던 것과는 약간 다른 것이어서 그러는 것이겠지. 이런저런 생각을 하면서 나도 서둘러서 입을 대어 보았다. 어렸을 적 엄마의 지국엔 한참이나 미치지 못하는 맛이었다. 엄마의 지국에는 어떤 비결이 숨어 있었던 것일까. 아무리 생각해도 알 수가 없었다. 엄마는 넉넉지 않은 식 재료에도 기가 막히도록 훌륭한 맛을 연출했는데, 나는 별다른 꼼수를 부려보아도 거기에 쫓아갈 수 없는 한계를 느끼고야 말았다. 당신의 정성과 더불어 어린 것들을 생각하는 모성의 힘이 들어간 이유도 한몫했을 것 같았다. 그래도 나는 가끔 기회가 되면 엄마의 지국을 흉내 내곤 하였다.

    매번 김치 담그기를 마다하지 않는 아내의 수고에도 박수를 쳐주어야겠다는 생각이 들었다. 그녀의 가족 사랑에 대한 표현이, 그녀의 김치였다는 사실을 어렴풋이 짐작할 수 있었다. 절인 배추를 헹궈 달라는 아내의 목소리가 내 귀를 울린다. 아내의 김치 담그기가 무사히 끝나고, 김치통을 냉장고에 넣어달라는 부탁이 다시 오더라도 결코 투덜거리지 않아야지. 그 옛날의 우리 엄마는 물론이고 직장에 나가는 아내가 월례행사처럼 김치를 담그는 이유는, 가족의 행복을 버무리는 아름다운 일이었으므로, 내일은 헌 김치통을 털어 엄마표 닮은 나의 지국 잔치를 다시 한 번 벌려야겠다고 생각이 들었다.

냉면 이야기

❦

'산허리는 온통 메밀밭이어서 피기 시작한 꽃이 소금을 뿌린 듯이 흐뭇한 달빛에 숨이 막힐 지경이다. 붉은 대궁이 향기같이 애잔하고 나귀들의 걸음도 시원하다……'

(이효석 - 메밀꽃 필 무렵 중)

말복(末伏)이 며칠 앞으로 다가왔다. 삼복더위의 정점에서 전국의 주요 도로엔 피서에 나선 차량 행렬이 꼬리를 물고 있다. 뜨거운 증기를 내뿜으며 유난히도 길게 느껴지는 협궤열차의 더딘 흐름같이 도로 사정이 답답하였다. 이럴 때 시원한 그늘에서 쫄깃한 냉면 한 사발을 먹는 상상을 해본다.

메밀은 7월 중순 경에 파종하여 10월 말 경에 수확을 하는 곡식류이다. 고온다습한 환경과 간간이 불어오는 서늘한 바람을 머금으면서. 푸른 잎과 하얀 꽃, 붉은 줄기와 검은 열매, 그리고 노란 뿌리의 오색을 갖춘 오방지 영물의 자태를 보이는 식물이다.

열매나 잎, 줄기는 모두 식용이 된다. 문헌에 의하면 메밀은 위를 실하게 하고 기운을 돋우며 정신을 맑게 하고 오장의 찌꺼기를 없앤다고 한다. 또한 메밀 식품은 소화가 잘되고 맛이 있으며 영양이 풍부한 단백질과 전분으로 이루어져 있다. 식물체와 열매에는 '루틴'(모세혈관을 강화하는데 탁월한 효능을 가진 성분)을 함유하고 있어 동맥경화와 고혈압, 녹내장, 당뇨병, 암 등의 치유를 위한 약재로도 이용된다는 것이다. 대부분의 사람들은 메밀의 효용을 잘 모르고 지내온 것이 사실이다.

요즘에는 냉면을 주로 여름에 즐겨 먹지만 옛 현인들은 이냉치냉(以冷治冷)의 이치를 삼아 겨울에도 즐겼다. 가을에 갓 수확한 싱싱한 메밀로 찬바람에 언 몸을 온돌에 녹이면서 먹는 냉면 맛을 상상하여 본다. 이가 시리도록 차가운 냉면을 먹고 나면 오장 육부가 얼어붙는 것 같으면서도 뱃속에선 서서히 춘풍이 일어나지 않았을까.

북방의 겨울 음식이었던 냉면이 남쪽으로 내려오면서 먹는 계절과 함께 맛도 변했다. 평양식처럼 육수가 들어간 물냉면과 함흥식처럼 맵고 달콤한 비빔냉면이 된 것이다.

냉면을 먹을 땐 코를 자극하여 눈물이 핑그르르 돌지라도 얼마간의 고추냉이(겨자)를 넣어 먹고는 한다. 그것이 여의치 않을 경우엔 마늘, 고추, 생강, 들깻잎 같은 더운 성질을 가진 채소와 양념을 가미하여도 괜찮을 것이다.

북적대는 인파와 더위를 피해 냉면 삼매경으로 떠나볼 계획을 세워본다. 무더운 날에는 살얼음 동동 뜬 동치미 냉면을 권해 본다. 입맛 없는 점심엔 메밀수제비, 그리고 비 오는 날 오후엔 메밀묵에 막걸리 한 사발의 정취도 우리나라 고유의 음식문화가 아니었을까.

단칸방의 추억

⚜

　인구가 많아 문제가 되던 시절이 있었다. 쌀이 부족하여 잡곡을 많이 섞어 혼식을 장려하는 때였다. "보리밥을 먹는 사람 신체 건강해~"라는 웃지 못할 노래를 따라 부르곤 하였다.
　우리 가족은 단칸방에서 함께 살았다. 할머니를 비롯하여 부모님과 네 명의 형제자매들로 이루어진 대식구였다. 그리고 또 막내가 세상에 태어났다.

　겨울이면 엄마는 물을 끓이는 것으로 저녁 준비를 시작했다. 아궁이 가득 생솔가지를 채워 넣고 솔가리 불쏘시개로 불을 지폈다. 마른 장작이나 적당한 땔감이 부족한 탓이었다. 아궁이를 향해 불어 넣은 것은 기침이 반이었다. 낡아빠진 부채나 헌 잡지를 집어 들어 불을 지폈다. 지펴진 불이 부엌 안을 비출 때면 자욱한 연기가 사라졌다. 매서운 추위 탓이었을까. 새까만 얼굴이 불에 비쳐 반짝이는 소년의 얼굴에도 온기가 돌았다. 가마솥 가득 채운 물이 끓어오르면 엄마는 내게 불 조절을 맡겼다. 옆에 걸린 양은솥으로 향하기 위해서였다. 가마솥의 더운물을 한 바가지씩 떠서 엄마는 밥을 짓고 설거지를 했다. 저녁 준비의 대부분은 물을 끓이는 일이었다. 겨울밤 식구들의 보금자리를 데우기 위해서였다.

저녁을 먹고 나서 엄마는 또 물 한 바가지를 세숫대야에 담았고 거기에 말린 가지대를 넣었다. 아직 시뻘겋게 살아있는 등걸불 한 무더기도 아궁이 앞으로 긁어내었다. 할머니를 위한 화롯불을 담고 남은 것이었다. 그 위에 세숫대야를 올려놓았다. 물이 끓어 가지대가 우러나길 기다렸다가 내 손과 발을 그곳에 담갔다. 동상으로 부어오른 내 손등을 치료하는 엄마가 체득한 민간요법이었다.

나이 들어 무릎이 시원찮았던 할머니는 언제나 한쪽 무릎을 세운 채로 지내셨다. 온종일 앉아 지내다 헌 신문지를 손바닥 크기로 찢어 쌈지 담배를 피우곤 하셨다. 어두운 방에서 담배 한 모금 빨아들이실 땐 창백한 할머니의 얼굴도 엷은 홍조를 띠었다. 깊은 주름과 표정 없는 얼굴이 어린 마음을 이유 없이 가라앉게 하고 있었다.

나는 벽에 등을 기댄 채 손발을 대야에 담그고 그런 할머니의 모습을 조용히 바라보곤 하였다. 그러다 꾸벅꾸벅 졸음이 올 때쯤 잠자리에 들었다. 잠자리 다툼을 벌이는 것도 일과 중의 하나였다. 사 남매가 서로 따뜻한 자리를 차지하기 위해 저녁마다 마음을 졸였다. 아랫목 조금 위쪽으로 할머니가 모로 누우시고 나면, 그 밑의 벽 쪽에서부터 아버지, 엄마, 그리고 아이들 순으로 가로눕는 형태를 취했다. 마치 프레젠테이션 작성 중 슬라이드 레이아웃을 적용할 때 '제목 및 세로 텍스트' 자리 배치와 흡사하였다.

가마솥 가득 물을 끓인 잔불이 군불이 되어 구들장을 데워주었다. 시커멓게 그을린 장판 아래가 아궁이와 연결된 구들장 입구이고 아궁이에서 멀어질수록 윗목이 되어 있었다. 한밤중이 되면 방바닥은 돌연 얼음장같이 차가워져 버렸다. 두툼한 이불 한 채는 그때부터 이리저리 이끌리기를 반복하면서 수난을 당하였다. 할머니 이부자리 챙겨드리고 나면 여섯 식구가 모로 누워 바싹 붙어야 겨우 몸을 덮을 수 있었던 유일한 이불이었다. 맨 가에 누운 사람은 덜덜 떨다가 잠에서 깨이는 날도 있었다. 맨 바깥만 면한다면 옆 사람의 체온으로 하룻밤이 지나갈 수 있었기에 형제들은 기를 써가며 가위바위보를 하기도 했다.

그날은 바람이 유난히 세게 불었다. 문풍지 사이를 비집는 바람 소리에 잠을 빼앗기고 있었다. 낮에 장난감 칼을 휘두르다가 문짝에 구멍을 냈는데, 그 구멍으로 바람이 세 들어오고 있었다. 엄마한테 두어 대 얻어맞고 눈물을 찔끔거렸던 나는 고래처럼 큰 문풍지 소리에 마음이 졸아들었다. 겨울이 되면 한 번씩 떠오르던 단칸방살이의 기억 중에 하나였다.

인구가 많으면 많은 대로 적으면 적은 대로 문제가 되는 오늘날은 걷잡을 수 없는 핵가족화가 이루어지고 말았다. 아이들을 더 많이 낳자는 아우성인데도 한 편으론 집 없는 서민들의 울상은 여전하다. 나의 단칸방의 추억도 슬픔과 즐거움이 교차되어 있는 게 사실이지만 그래도 가끔은 그 시절이 그리워진다.

나는 대한민국 소방관이다

'응급처치 능력 배양'이 공약이 되기를 바라는 마음

⚜

　　지난 18대 대통령 선거 유세가 한창이던 어느 날, 당시 새누리당 대선 후보의 보좌관 일행이 탄 승합차가 후보자 수행을 위해 이동하던 중 교통사고가 났다. 이 사고로 보좌관 한 명이 숨지고 함께 타고 있던 일행 4명이 중경상을 입고 말았다. 며칠이 채 지나지 않은 시점에서 이번엔 통합진보당 대선 후보의 교통사고 소식이 언론의 메인 뉴스를 장식했다. 일련의 사고는 당과 지지자를 떠나 많은 국민들에게 걱정과 불안을 안겨주기에 충분했다.

　　교통사고를 포함한 돌발적인 사고는 21세기의 첨단 과학으로도 사전 예측이 불가한 게 사실이다. 하루가 멀다 하고 일어나는 사고들은 대부분 물질문명의 발달에 따른 폐해들인 것도 사실이다. 기후의 변화와 공해들 역시 예기치 못한 사고의 주요 원인이 되고 있다. 전문가들은 앞서 언급한 교통사고를 예로 들면서 도로 시설물 주변의 방호벽이나 유사시 피해를 줄일 수 있을 충격 흡수형 기둥의 미설치를 아쉬움으로 지적하기도 하였다. 그러나 수없이 존재하는 많은 문제점들을 보완하는 데엔 분명 한계가 있을 것이다.

다양한 사고 현장에서 인명 피해를 줄일 수 있을 보다 현실적인 방안은 무엇일까. 물음에 대한 답을 구하기에 앞서 나는 50여 일의 사투를 끝내고 깨어난 프로 축구선수 신영록을 떠올려 본다. 그는 2011년 5월 8일 제주종합운동장에서 열린 제주-대구의 경기에서 부정맥에 의한 심장마비로 의식을 잃었다. 하지만 빠른 초동 대처로 위기를 모면했는데, 당시 신 선수가 쓰러지는 상황이 발생하자 곁에 있던 선수들은 재빨리 그의 기도를 확보했고 의료진을 불렀다. 구단 의료진은 재빠른 심폐소생술을 실시하여 호흡의 회복을 유도해 냈다. 이후 경기장에 배치된 구급차는 그를 치료 가능한 의료기관으로 7분 만에 신속히 이송하였다.

반면 안타까운 기억으로 남아 있는 야구선수 임수혁은 경기 도중 신영록과 같은 부정맥에 의한 심장마비로 의식을 잃고 쓰러졌다. 그러나 초동 대처 실패로 결국 사망에 이르고 말았다. 현장에 있던 이들은 곧바로 응급 처치를 하지 못하고 구급차를 기다렸다. 그렇게 그는 초동 대처 실패로 뇌사 판정을 받은 뒤 10년이 지난 2010년 2월 결국 세상을 떠나게 된 것이다. 두 선수가 경기장에 쓰러진 원인은 '부정맥에 의한 심장마비'라는 같은 병명이었으나 전혀 다른 초동 대처로 인해 생사가 엇갈린 차이점을 남겼다.

자천타천으로 차기 대선 후보 물망에 오른 분들에게 심폐소생술을 비롯한 기본응급처치 능력을 배양하라는 제안을 권하고 싶다. 분초를 다투는 응급상황에서 소중한 인명구조에 너와 내가 따로 일 수 없는 까닭이다. 수많은 의사가 있고 119가 있어 불철주야 응급상황에 대응하고 있기는 하지만, 만약 대통령 집무실에서 거나 누군가와 중요하게 이루어진 회담 장소 같은 데서 응급사항이 발생했다고 가정하여 보자. 얼마나 끔찍한 일이겠는가. 사고는 사람을 가려서 비켜가지 않음으로 우리들 모두가 이 점에 대하여 유의해볼 필요가 있다고 생각한다.

　서민의 아픔을 어루만지고 민주 복지국가로의 기틀을 다질 수많은 정책 공약 중에서도 이 같은 내용은 결코 소홀할 수 없는 사안이라고 믿는다. 최소한 모든 국민이 기본응급처치 교육을 이수하여 불상사에 대처할 수 있다면 이야말로 선진 국민이 되는 지름길이 아니겠는가.
　소방 공무원의 한 사람이어서만이 아닐 것이다. 유세 현장에 모여든 수많은 국민을 향해 건강관리를 당부하고, 마네킹을 이용한 심폐소생술 술기 능력을 선보이는 후보자의 출현을 잠시 상상해 보았다. 오래지 않아 그런 날이 오지 않을까 기대해 본다.

독도 기행

✢

"울릉도 동남쪽 뱃길 따라 이 백 리 외로운 섬 하나 새들의 고향 ~"

생애 처음으로 독도에 발을 디뎠다. 처녀지에 들어선 탐험가의 마음이 이와 같을까. 무엇인지 가슴속 깊이 뭉클하게 와닿은 감정이 찾아 들었다.

일행들은 언제 준비했는지 저마다 크고 작은 태극기를 꺼내어 들었다. 경비 대원들의 손을 잡고 마치 제 자식인 양 얼싸안고 포즈를 취하기도 한다. "고생한다, 수고가 많다"는 말들과 함께 눈시울을 붉히기도 한다. 저 아우내 장터의 절규와 외침을 환호와 탄성으로 건네받아 마치 제2의 3·1 만세 운동이라도 재현하려는 듯한 풍경이었다.

불과 한 시간 남짓 전에 울릉도 사동 항을 출발할 때 느껴야 했던 울렁임만이 아니었다. 엊저녁 여행길에서 떠들썩하게 나누었던

나는 대한민국 소방관이다

술 몇 잔의 후유증도 아니었다. "외국에서는 누구나 애국자가 된다."라는 말이, 독도에서는 금방 수긍되고 말았다.
    신라 장군 이사부(異斯夫)의 넋이 서리고, 독도수비대의 노고가 파도보다 높게 넘실대는 그곳에는 갑자기 태극기의 물결이 높아져 가고 있었다.

    천혜의 자연환경과 부존자원은 물론이고 군사적 요충지라 거론되지 않아도 좋을 것 같았다. 독도는 무엇으로도 부정될 수 없었던 우리들의 조국 대한민국의 영토였다. 천년만년 이어져 나갈 우리 영토의 느낌표이자 방점이었던 것이다. 거칠고 험한 풍랑 속에서 풀 한 포기 나무 한 그루까지 모두 다 소중한 우리나라의 자산이었다.
    관할 경비대의 깍듯한 에스코트를 받으며 눈에 넣어도 아프지 않을 우리 땅의 대지 위를 한동안 거닐어 본다. 아, 이곳의 주소는 그동안 알려진 것처럼, 경상북도 울릉군 울릉읍 독도 이사부길 55가 확실하였다.

마음의 그릇

⚜

　숨을 쉬고 살아가는 세상에서 눈물 나게 소중한 것 중의 하나로 음식을 빼놓을 수 없을 것이다. "보기 좋은 떡이 먹기도 좋다."는 말도 있었다. 이는 맛을 내는 여러 가지 요인 중에 모양도 한몫한다는 의미일 수 있었다. 제아무리 먹음직스러운 음식이라 할지라도 그것을 담고 있는 그릇에 문제가 있다면 곤란하지 않겠는가. 그래서인지 깨진 유리잔이나 금이 간 사발 같은 것들에 음식을 담는 일은 금기 사항이 되어 있었다. 물론 조리를 담당한 요리사의 신뢰도에도 치명적인 약점이 될 것이었다.

　사회의 일각에서 소속을 대표하고 리더의 역할을 수행하는 사람에 대해서도 가끔은 깨진 그릇에 빗대어 평가하는 예가 있었다. 지난 시절 한겨울에 아랫목에 묻어 놓은 밥사발에 대하여 생각해 보자. 정을 담고 마음을 품은 그런 밥그릇이 아니었던가.

　코다리조림이 일품이라고 소문난 집이 있었다. 우연히 그 앞을 지나다 보면 주차장엔 언제나 차들이 만원이었다. 유리창을 통해 비친 내부의 모습은 많은 손님들로 북적거렸다.

하지만 빈 수레가 요란하고 소문난 잔치에 먹을 것 없다는 속담도 있지 않았던가. 전국에 맛집으로 알려진 곳을 찾아 소위 별미 여행이란 것을 다녀보면 적지 않게 실망을 안겨주는 곳도 많았다.

나는 왠지 코다리 집이 궁금하였다. 과연 저곳은 손님들의 입맛뿐만 아니라 분위기가 그럴듯한 명가였는지 알고 싶었다. 식당 안에 발을 들이기가 무섭게 어서 오시라며 인사를 하였다. 이어서 몇 분이서 왔냐고 묻는다. 서빙을 담당하는 여자의 목소리는 표정 없는 모습과는 대조적으로 온화하기 이를 데 없었다. 많은 손님을 상대하니 육체적 정신적 고달픔이 오죽하랴 싶었지만 의례적이고 습관적인 느낌이 아니었다. 기본적으로 갖추어진 상냥함이 배어 있었다. 공간을 구획하는 파티션의 설치도 괜찮아 보이는 것 같았다. 한가롭게 둘러앉을 수 있는 테이블에 일행을 안내하였다. 그러면서 여기는 자리가 좋아 자릿세로 오만 원을 별도로 받는다며 농담을 건네기까지 하는 게 아닌가. 이 정도 수준의 종업원이면 그녀의 그릇은 이 집을 채우고도 남을 것처럼 여겨졌다.

여백이 넓은 흰 접시가 눈에 들어왔다. 청결하고 깔끔한 접시의 이미지가 식욕을 자극하여 주었다. 조리가 된 찜 요리가 접시와 절묘한 조합을 이루었다. 반 건조 명태 서너 마리가 머리와 몸통이 분리된 체 모락모락 김을 피우며 소스를 뒤집어쓴 채 누워있었다. 물을 찾는다거나 입 안의 열기를 식히려고 연신 바람을 들이마시지 않아도 될 정도의 매콤함이랄까. 안정감을 부르는 양념 위에 얹힌 시래기도 일품이었고 콩나물도 양이 푸짐하였다. 그 안에 가래떡 몇 조각도 숨어있었다.

코다리에 대한 예의라며 누군가 소주 한 병을 주문하고 있었다. 음식을 담은 그릇과 그 안에 담긴 음식의 맛과 조화가 새삼스럽게 여겨지는 순간이었다. 식당에 종사하는 모든 이들이 각각의 손색 없는 그릇으로 제 자리에 앉아있음을 알 수 있었다.

밥은 밥대로, 국은 국대로, 찌개는 찌개대로 담겨야 할 그릇에 담겨야만 제격이 된다. 냉면과 짜장면과 라면과 국수, 나물과 조림과 마른 반찬과, 물김치 등의 모든 음식은 그것과 가장 어울리는 그릇에 담겼을 때 제 빛을 낸다. 그러니 그릇들은 나름의 쓰임새를 생각하여 만들어지며 이를 활용하는 가운데 그 기능과 역할을 하는 것이다.

사람들의 삶의 이치도 그릇의 양식에서 크게 벗어나지 않을 것이다. 아내가 구입한 여러 가지의 그릇이 있다. 물건을 담는 조그마한 용기도 있고, 실용적이고 옛 멋을 더한 생활 도자기도 있다. 그녀는 이것을 거실과 오픈된 주방 선반 위에 가지런히 진열하여 놓았다. 투박하고 거칠지만 곡선미가 있고, 정감이 있는 그릇들이 많다. 주방 환경에 운치를 더한 품위 있는 빛이다. 제 자리에 멋스럽게 놓여 있다가 쓰임이 있어 손닿을 날 만나면 식탁 위의 꽃으로 피어나기도 하리라.

옛사람들이 인물을 선택하던 기준으로 삼은 것 중에 신수와 언

변과 서체를 주시하여 왔다. 판단력이었다. 이런 것들을 말로 표현하는 중에 "그릇이 얼마나 되는지"라고 이르던 말이 생각난다. 얼마큼 담겨 있는지와 더불어 얼마큼 담을 수 있는지를 헤아리는 의미였을 것이다. 물론 이는 '마음의 그릇'에게로 하는 말이었던 셈이다. 계량하여 그 질과 양으로 요직과 관직에 등용하였다.

내가 좋아하는 그릇은 어떤 그릇일까. 내가 갖고 싶고 내가 닮고 싶은 그릇은 또 어떤 그릇이어야 할까. 기본적으로는 주어진 모양과 형태에 따라 그 기능에 충실할 수 있는 그릇이면 되지 않을까. 한편으로는 지성과 인품과 교양과 능력을 지니고, 사람 냄새 가득한 그릇의 소유자이기를 꿈꾸어 볼 때도 있었다.

온종일 파란 하늘을 담금질하다가 서쪽 바다 위에 하루를 내려놓은 노을같이 욕심내지 않는 온전한 그릇을 희망하여 보는 일도 나쁘지 않을 것 같다. 나를 닮은 그릇, 내가 닮고 싶은 그릇이 사실은 내가 지니고 있으면서도 미처 발견하지 못한 광휘도 있었을 것 같았다. 모난 마음을 씻는 그 일처럼 앞으로는 나의 그릇도 정성과 친절함으로 닦아나가야만 할 것 같았다.

마흔아홉의 병상 일기

⚜

새들의 지저귐에 눈을 뜬다. 쾌활한 음률이 새벽의 기운을 한껏 불러일으킨다. 내가 기거하는 사찰 안팎이 뿌연 안개에 휘감겨 있다. 산사의 운치를 만끽하는 아침. 감사한 마음이 가슴속으로 밀려드는 날이다.

풀을 맨다. 호밋자루 쥐고 오리걸음으로 밭일하는 아낙네 흉내를 낸다. 댓돌 사이와 마당에 이어 토담 어귀에 돋아난 풀을 캐고 뽑는다. 때와 장소를 모르고 자라나는 잡초는 보는 이들의 이맛살을 찌푸리게 하였다. 농작물의 성장에도 해가 되는 게 잡풀이다. 농사일의 기본도 모르면서 괜히 해보는 소리일지도 모르겠다. 이내 다리가 저리고 온몸이 욱신거려 오는 것 같았다.

규칙적이지 못한 생활 때문이었을까. 일상의 스트레스와 술 담배를 가까이한 것이 문제였을까. 몸에 이러저러한 증상이 있어 혹시나 했던 것도 그때뿐이었다. 설마 하고 외면해버리곤 하였다. 내 나이 이제 마흔아홉, "사십에 아홉수라서 금년엔 특히 조심해야 한다" 던 어머니의 말씀이 병을 얻고서야 실감할 수 있었다. 요양원에 몸 져누웠어도 아들을 향한 어머니의 마음은 한결같았다. 암 수술을 받고 요양의 시간을 갖는 동안에 잠시 숨 가삐 걸어온 날들을 되돌아본다.

#1
건강검진을 앞두고 담당 직원이 대장 내시경 추가 여부에 대해 물었다. 연령에 따른 맞춤형 검진을 위해서였다. 별 망설임이 없이 검사에 응하기로 하였다. 위내시경은 두어 번 받고서 이상이 없다는 결과를 얻었지만 대장 내시경은 한 번도 한 적이 없었다. 주변의 권유가 있었던 데다 언제부턴가는 건강에 대한 막연한 불안감도 생겼던 것 같다.

건강 검진을 떠올리면 마치 연례행사를 치르는 기분이 들었다. 금연, 금주의 권고는 의사가 내릴 수 있는 특별한 계시 같았다. 운동 처방과 치아 관리에 대한 주의를 듣는 기회로 인식되었다. 검진 결과가 별 이상이 없는 것 또한 검진을 심드렁하게 여기는 요인이었던 것 같았다. 그러나 결과적으로는 "설마가 사람 잡는다"는 속담을 온몸으로 느껴야 했던 결과가 되고 말았다.

#2
대장 내시경이 추가된 이번 검진은 사전 예약을 하고 순번을 기다려야 하였다. 일정에 맞춰 정해진 의료기관에서 검진을 받은 지난해와는 절차가 달랐다. 연령이 낮거나 대장 내시경을 신청하지 않은 직원들은 문제 될 게 없었다. 그러나 나에겐 소방관의 검사 항목을 충족하는 의료기관이라야 하였으며, 대장 내시경까지 받아야 하니 하루에 검사를 마치는 일이 여간 어려운 게 아니었다. 대장 내시경은 시간이 많이 걸려서 검사 인원이 제한되어 있었다. 그로 인하여 한 달 이상 두 달 가까운 시간을 기다려야 하였다. 국민의 복지 차원에서라도 의료 인력과 장비의 확충을 기해야 한다는 생각이 들었다.

어찌된 영문인지 상담을 마쳤던 간호사로부터 전화가 걸려왔다. "어떤 사람이 사정이 생겨 대장 내시경을 취소했는데 그날 수검이 가능하겠냐"고 물어왔다. "운수 좋은 날"은 현진건의 소설에 나오는 "김 첨지"에게만 해당된 것이 아니었나 보다. 닷새 후에 건강 검진을 위해 새벽길을 나섰다.

#3
대장 내시경을 마치고 마취에서 깨어나 회복실을 나서는 순간이었다. 내시경을 관장한 젊은 의사가 잠시 설명을 드리겠다며 책상 머리에 나를 앉혔다. 깊은 잠에서 막 깨어나 정신이 몽롱했고 아침인지 저녁인지 쉽게 분간되지 않았다. 의사의 목소리가 꽤나 진중하게 들려왔다. "위는 괜찮습니다. 약간의 염증이 보이지만 별문제는 아닙니다. 그런데 대장은 그렇지 않은 것 같습니다"면서 대장 쪽의 영상물을 보여 주었다. "이곳에서 수상쩍은 게 발견되어 조직 검사를 의뢰하였습니다."고 하였다. 모니터 상의 특정 위치를 마우스로 찍어서 원을 그리듯 빙빙 돌리며 강조한 곳이 있었다.

"몇 기입니까?"라고 외쳐 물었다. 왜 그랬을까. 마취가 덜 풀린 탓이었을까. 모르는 사이에 마치 기다렸다는 듯 병의 진행 정도를 묻고 있는 나를 발견하였다. "아직은 알 수 없습니다. 검사 결과가 나와야 판정을 할 수 있을 것입니다. 구체적인 병기(病期)는, 악성일 경우 다시 큰 병원에서 떼어낸 조직으로 정밀 검사를 거쳐야 할 것입니다."라고 대답하여 주었다.

결과가 나오면 다시 연락을 주겠다는 말을 듣고 난 뒤에 병원 문을 나섰다.

#4
"예상했던 대로 대장암으로 확인됐습니다." 의사의 설명은 간결했다. 지난번 검사에 그 결과를 짐작했다는 눈치였다. 병원을 물색하여 수술을 받으라며 관련 자료들을 챙겨주었다.

당시의 착잡했던 심정을 누구에게도 선뜻 털어놓을 수 없었다. 어떤 일도 손에 잡히지 않았다. 우두커니 혼자 있는 시간이 늘어갔다. 한순간에 찾아든 불행으로 몸도 마음도 피폐해져 가고 있었다.

지난 세월 동안 남에게 해를 끼친 기억이 별로 없었던 것 같다. 119구급대원임을 자랑스럽게 여기며 성실히 일해 왔을 뿐이었다. 눈 쌓인 겨울밤 쓰러진 노인을 끌어안고 빙판길을 달려야 했고, 술 취한 사람에게 얻어맞으면서도 음독을 한 그의 부인을 구급차에 실어야만 했다. 찹쌀 인절미가 목에 걸려 새파랗게 질려 있을 때 바람같이 달려가 그의 숨통을 트이게 했을 땐 내가 다시 살아난 것처럼 감격하기도 했었다. 그렇게 살아온 것이 잘못된 삶이라면 더는 할 말이 없을 것 같았다. 누구라도 붙들고 따지고 싶은 심정이었다. 그러나 그게 무슨 소용이 있다는 말인가.

퇴근길 정체가 시작됐는지 집으로 향하는 도로 주변엔 차량들이 불어나고 있었다. 세상은 아무렇지 않게 저리도 부지런히 돌아가는 것을 느끼면서, 이대로 그냥 무너질 수 없다는 생각이 찾아왔다. 피할 수 없는 일이라면 서둘러 포기할 필요는 없는 것 같았다. 그냥 올 것이 왔다고 생각하자. 병을 얻었으니 치료를 하면 된다고 생각하자며 마음을 가라앉혔다. 생각을 바꾸고 나니 희미한 희망이 찾아오기 시작하는 것 같았다.

#5
S병원 암센터. 병원을 선택하고 예약을 하기로 마음먹었다. 건물 외벽이 커다란 통유리로 설계, 주변 경관이 시원스럽게 비쳐 드는 건물이었다. 마치 숲속에 와있는 것 같은 풍경이었다. 보호자의 정신 건강에도 보탬이 될 것 같은 분위기였다. 사실은 무작정 생각해 낸 병원 이름이었다. 안내를 받은 번호로 여직원을 통한 상담과 진료 예약이 순식간에 이루어졌다. 하늘이 나를 내려다보기라도 한 것인지 이번에도 어떤 환자가 예약을 취소하는 바람에 내 차지가 되었던 병실이었다.

나중에 알고 보니 세계 최고 수준의 암 치료를 전담하는 유명 병원 중의 하나였다. 해외에서도 암 환자들이 찾아오는 곳이었다. 특임교수를 지내는 내 주치의는 한 해에만 암 수술 수 백여 회를 집도한, 기네스북에까지 오른 명망 있는 의사였다. 지방에서 전화 한

통화로 예약이 이루어진 것 자체가 거의 기적에 가까운 일이라고들 하였다. 그러나저러나 나는 지금 암 병동에 와 있는 처지였다. 아내는 돌아서서 눈물짓고 내 앞에선 애써 태연한 척 용기를 심어주었다. "모든 방법과 수단을 강구하여 치료에 전념하자"고 내 손을 잡아 주었다. "당신은 우리 집의 기둥이며, 아직 어리기만 한 음정이 음표의 아빠"라고 힘을 주어 말했다. 지아비를 걱정하는 아내의 진심 어린 말에 내 안에서도 어렴풋이 용기가 솟구치는 것 같았다.

#6
담당 의사는 우리 동네 이장님 분위기였다. 국내외적으로 유명세를 치르는 분이었지만 언행이 참으로 평범한 분이셨다. 말수가 적고 주변머리도 없어 보였다. 검사 결과를 담은 모니터를 묵묵히 살펴보더니 심심한 말투로 수술 날짜를 확정하였다. 4월 30일. 12일 뒤의 일이었다. 수술에 필요한 모든 검사는 오늘과 내일에 걸쳐 시행하겠다고 하였다. 환자의 입장에서 궁금한 것과 하소연하고 싶은 말이 있었지만 나 역시 되도록 말을 아꼈다. 그런 나의 마음을 알아차리기라도 한 듯 그가 자리에서 일어나면서 결정적인 한 마디를 남겨 주었다. "너무 걱정하지 마세요."

#7
"저는 최 선생님의 수술을 위해 처음부터 끝까지 함께 할 간호사입니다." 수술 방에 들어서자 수술복을 차려입은 젊은 여자가 말했다. 눈물을 글썽이는 아내와 친인척들을 뒤로하고 마침내 들어선 곳. 비교적 의연한 태도를 보이고 있었지만, 속마음은 이루 형언할 수 없을 만큼 불안하였다. 절체절명의 위기 속에서 자신의 삶이나 운명에 대해 아무것도 할 수 없다는 무기력함이 슬프기만 했다. 조금 전 자신을 소개했던 간호사가 곁으로 다가서면서 내 손을 꼬옥 잡아 주었다. 다른 한 손으로는 어깨를 어루만지며 마치 우는 아이를 달래는 것 같은 모습을 보여 주었다. 흘깃 바라본 표정이 그렇게 온화할 수 없었다. 내 보모라도 되어준 것 같았던 그녀의 손길에 나는 다소곳해진 어린아이와 진배없었다. 순간에 콧잔등이 시큰거려 오더니 한 방울의 눈물이 흘러내렸다.

잠시 뒤 마취과 의사가 내 곁으로 다가섰고, 나는 용광로 속으로 빨려드는 것 같은 엄청난 열기를 온몸으로 느껴야 했다. 순간의 쾌락을 느끼며 구름 위에 눕혀지기 무섭게 깊은 잠에 들었다.

8
"수술은 잘 되었습니다. 이제 잘 회복되기를 기대하겠습니다."
네 시간의 수술을 마친 후 주치의가 몇몇 의사들을 대동하고 입원실에 나타났다. 지난번 첫 진료 때 대면했던 바로 그 이장님이었다. 오늘은 무엇인가 말을 건네고 싶어 하는 인상을 풍기고 있었다. 그는 잠시 나와 눈을 맞추며 무엇을 읽어내기라도 할 것 같은 표정을 보이더니, 그냥 말없이 병실 밖으로 사라져 버렸다.

조금 전 의사는 수술이 잘 됐다고 했다. 세상에 자신이 집도한 수술에 대해 잘못됐다고 말하는 의사가 얼마나 있을까. 의사가 수술이 잘못됐다고 하더란 얘기는 여태껏 단 한 번도 들어보지 못했다. 직접적으로 인명을 다루는 직업이기에 저들은 더 많은 학식을 쌓고 끝없는 수련을 필요로 할 것이다. 그러니 의사에겐 높은 도덕과 윤리의식이 요구되는 것은 당연할 것이다. 그럼에도 의료분쟁은 왜 끊이지 않고 일어나는 것일까. 서로 상대적인 기대가 상충되는 과정에서 벌어지는 일일 것 같았다. 어쨌든 수술이 잘 됐다는 상투적인 말에 특별히 반가워하거나 감사하게 받아들일 필요는 없었다. 다만 잘 회복될 수 있을 것이라는 믿음과 자세가 오히려 내게는 더 생산적인 마음이었을 것 같았다. 의사의 마음 역시 환자와 똑같은 희망을 가지고 있었을 것으로 생각되었다.

#9
병원 문을 나선 지도 여러 날이 지났다. 퇴원 후 2주가 지난 시점에서 이루어진 첫 진료에서 양호한 결과를 얻었다. 수술 부위를 관찰한 의사가 만족한 표정을 지었다. 두 달 후에 나오라며 진료 일정을 알려 주었다.

하지만 지금부터가 시작이었다. 심한 상처나 골절 등의 손상으로 수술을 받았다면 대부분 일단락됐다고 생각해도 무방할 것이다. 하지만 암이라고 하는 놈은 좀 다르지 않은가. 그것이 언제 또다시 재발하고 다른 장기로 전이될지 종잡을 수 없었다. 적어도 수 년 간은 몸을 사리면서 숨죽여 지내야 할 것 같았다. 그렇다고 겁을 내거나 삶의 의욕을 상실한 채 지낼 필요는 없을 것이다. 음식은 골고루 섭취를 하되 소식(小食)을 하라는 것이나 규칙적인 운동을 하면서 스트레스를 멀리하라는 것 등은 익히 알고 있는 상식이었다. 다만 이제부터는 좀 더 의식적으로 외부의 것들을 받아들이고 스스로 개선해 나갈 일들을 챙겨야만 하는 것이다.

암 환자에 대한 그동안의 편견이 있었음을 고백한다. 불치의 병이라고 여기거나 치료를 받고 있는 사람을 보면 외계인이라도 만난 듯 이상한 눈길로 바라봤던 게 사실이다. 하지만 당사자의 입장으로 돌아서게 된 지금의 나는 어떠한가. 누구나 겪을 수 있는 불행이며 갑작스레 찾아온 낯선 손님과도 같은 것이라고 생각하게 되었다. 경험이야말로 소중한 삶의 재산이라는 말이 실감되었다. 여기에 한 가지 중요한 점을 덧붙이자면 보험의 가입을 들 수 있겠다. 국가에서 지정한 5대 암의 경우 높은 발생률을 보이기 때문에 누구든지 얼마간의 대비책을 갖는 일도 무시할 수 없는 조건이다. 반드시 보험만으로 해결되는 일은 아니겠지만, 암 환자가 되고 자잘한 생각이 많아진 것도 사실이었다.

#10
콩밥, 무국, 버섯요리, 감자볶음, 김무침 그리고 나박김치. 산사에서 챙겨주는 아침 공양이다. 합장을 하고 반배를 한다. 공양간을 나서며 맛있게 먹었다고. 환자의 밥이란 것은 밥이 가진 의미 이상의 더 높은 세계가 있었다.

병을 얻고 보니 동병상련의 아픔이 여기저기 눈에 띈다. 목회를 하는 친구가 신장 이식수술을 받고 병원 신세를 지고 있는가 하면, 주변 사람의 집안엔 아버지와 그의 형제가 둘 다 발병하고 말았다. TV의 채널을 돌리면 전에 없이 내가 지닌 질병에 대한 프로그램으로 넘쳐나고 있었다. 진작부터 건강에 대한 관심이 높았더라면, 지금처럼 여러 사람들에게 걱정을 끼치지 않아도 됐을 텐데 라는 안타까움이 찾아왔다. 병원으로 집으로 찾아와 준 직장 동료들이 있었다. 형제와도 같은 지인들이 있었다. 수화기를 통해 전해졌던 많은 이들의 격려와 관심을 어떻게 갚아나갈 수 있을까를 생각해 보았다.

어느 날 찾아온 친구 부부의 손엔 산삼 두 뿌리가 들려 있었다. 그동안 바빠서 미루었던 산행에서 만난 행운이라 하였다. 만약에 산삼을 캐면 무조건 "대장암 친구"에게 주겠다는 마음을 가지고 산에 올랐다고 하였다. 이 산삼이 몇 년 근인지 이걸 먹고 얼마나 회복에 도움이 될지 나는 잘 모르겠다. 하지만 그 친구의 마음만큼은 백 년이 흘러가도 잊을 수 없을 것 같았다. 냉장고에 넣어 두고 며칠째 먹지 못한 채 울고 말았다. "빌어먹을 놈 같으니라고, 무엇으로 이 빚을 갚으라는 것인지."

아내의 직장 동료 부친께서 돌아가셨다. 간경화를 앓고 계셨는데 갑자기 악화가 된 것이었다. 병원에서도 손을 쓸 수 없는 상황에서 급박하게 당한 일이라고 한다. 다정하게 왕래하며 지내던 집안이었다. 장례식장에 가기 위해 검은색 정장을 갖춰 입었다. 검은색은 '죽음'이나 '절망'을 의미하면서도 '영원'과 '신비'를 더불어 상징한다고 하였다. 고인에 대한 명복을 몸으로도 빌고 싶었다. 둘째 날엔 하늘색 상의에 진회색 하의의 개량 한복으로 갈아입었다. 편히 하늘나라에 가시라는 염원을 담아 보았다.

그동안 우중충했던 날씨가 서서히 맑게 개이고 있었다. 생전의 고인께서 지녔던 선한 눈망울과 순수함이 피어오르는 하늘이었다. 장례 행렬을 뒤따라간다. 장지로 향하는 길을 한동안 말없이 걸었다. 공수래공수거(空手來空手去)인 인생길에 누군가의 삶의 마지막 길을 함께 걸어주고 있다는 사실이 오히려 내게는 큰 위안을 주고 있었다. 어쩐지 먼저 떠나가신 고인께서도 나의 이런 마음을 헤아려 줄 것만 같았다.

만리포에서 부친 편지

한낮인데도 영하의 체감 온도를 느끼는 날씨였습니다. 사발면 한 그릇으로 허기를 달래고 언 몸을 녹여봅니다. 역한 기름 냄새가 코를 찔러 옵니다. 보이는 것이 온통 검은 참상뿐이군요. 이곳이 해수욕장인지 유전인지 아니면 탄광촌인지 분간하기 어려울 정도입니다. 죽음의 바다, 공포의 시간이 여기 있었습니다.

지난 2007년 12월 7일의 일이었습니다. 사상 최악으로 기록된 국내 유조선 기름유출 사고가 발생하였지요. 사고 수습을 위해 만리포 일원은 전국에서 답지한 인적, 물적 자원으로 북새통을 이루고 있습니다. 충격과 놀라움으로 저마다의 가슴을 진정시켜야 했던 것도 잠시, 관계 기관의 초동 대처가 이루어지기 시작하는 중이랍니다. 수많은 사람들이 어쩌면 저렇게도 모여들어 일사불란하게 작업에 매달릴 수 있었을까요.

각종 양식과 어업으로 생계를 이어가는 지역민들의 근심은 말로 표현할 수 없겠지만, 우리의 바다는 우리의 자산이라는 국민정신의 발로가 꽃으로 피어나는 순간을 봅니다. 시간이 흘러갈수록 대한민국의 환난상휼의 정신은 크기와 높이를 더해가고 있었습니다.

사고 발생 열흘이 지나자 복구의 손길에는 가속이 붙기 시작하였고, 이는 체계적인 뉴스가 되기에 충분하였답니다. 자원봉사자들의 얼굴에선 긍지가 배어나고 있었습니다. 뜨거운 실천의 의지 속에서 죽어버린 바다의 희망이 다시 비쳐들기 시작하였습니다.

소방관의 한 사람으로 재난의 현장에 투입되었습니다. 방제 작업 도중 발생할 수 있을 환자 처치의 임무를 부여받았지요. 나날이 지속되는 열악한 작업환경 속에서 환자의 발생은 피할 수 없는 현실이었을 것입니다. 지역민들의 육체적 고통과 심리적 충격 역시 예의 주시해야 할 상황이랍니다. 멀리서 밤을 새워 달려와 작업에 임하는 봉사자들도 힘들기는 마찬가지일 것입니다. 피로 누적에 따른 각종 질환과 갯바위 등에서의 안전사고 등 여러 유형의 환자가 발생할 수 있었습니다. 그에 대비한 응급처치 및 의료기관 후송이 구급대의 주요 업무였습니다. 현장에 파견된 의료진과의 유기적인 업무체계를 구축해야 하였습니다. 현장에서 치료가 가능한 환자는 의료진이 담당하고, 부상이 큰 환자는 응급처치 후 치료 가능한 의료기관으로 이송해야 합니다. 유사시에 대비한 역할분담 역시 중요한 사안이었습니다.

약품함을 휴대하고 작업 현장을 순찰하는 구급대원의 마음까지도 기름 제거 작업에 뛰어들고 싶은 충동을 불러일으키게 합니다. 끝없이 밀려오는 기름 파도에 맞서 모두 다 전쟁을 치르는 모습이었습니다. 그들의 입가에서 뜨거운 입김이 증기기관차의 수증기처럼

나는 대한민국 소방관이다

뿜어져 나와 한랭(寒冷)의 기후를 실감하게 합니다.

그동안 어렵고 힘든 고비 때마다 우리 민족은 엄청난 역량을 발휘하여 왔습니다. 오늘의 이 불행한 참사가 오히려 국민적 화합의 계기가 되기를 한 편으로 빌어 보았습니다. 어차피 이 고난은 지나갈 것임을 믿기로 하였습니다.

학교에서는 곧 겨울방학이 시작될 것입니다. 배낭여행도 좋고 따뜻하고 아름다운 해외여행도 좋겠지만, 아이들과 함께 주말을 이용해서 내 나라의 재해 복구 현장을 체험해보는 것도 나쁘지 않은 일이라고 생각합니다. '봉사활동 확인서' 같은 것을 어쩌면 발급하진 않을 것입니다. 식사를 챙겨주는 일조차 여의치 않을지 모릅니다. 너무 위중하고 위급한 현장이랍니다. 충남 서해안의 태안반도는 세찬 북서풍의 추위 아래 놓여 있습니다. 그러나 유조선에서 흘러나온 엄청난 분량의 기름띠를 제거하느라 밤낮없이 노력하는 아름다운 손들이 있습니다. 비록 몸이 멀어서 못 오시는 경우가 생기더라도 마음만은 이곳의 아픔에 관심을 가져 주시기 바랍니다. 부디 그러시리라고 믿겠습니다. 감사합니다. 태안에서 올립니다.

겨울밤의 단상

80년대 중반은 혼란스런 정국 속에서 온 나라가 요동을 쳤다. 노동자와 학생들의 시위가 연이어지고 이해인과 서정윤의 시가 인기를 끌기도 하였다. 매캐한 최루가스가 온 나라의 도시들마다 기승을 부리곤 하였다. 개인적으로 나는 서울의 한곳에서 푸른 제복을 입고 군 복무를 섰던 시절이었다.

하늘에서 눈이 내리기 시작하였다. 용산 미 8군 담장 길을 걷는 내 얼굴 위에도 눈발이 내렸다. 바람에 실린 눈은 선뜻 내려앉길 주저하면서 눈앞에서 어른거렸다. 주말을 맞아 외출을 하면 자주 찾았던 그곳은 남영동 숙대 입구의 한 찻집이었다.

거기에 내가 나타나면 차를 나르던 여자가 베토벤 바이올린 협주곡을 익숙하게 얹어 놓았다. 단골손님에게 베푸는 무언의 서비스인 것 같았다. 나는 다른 말소리가 조금이라도 덜 들리는 구석에 가서 앉았다. 팔짱을 끼고 발을 꼰 자세로 음률에 젖어 버리곤 하였다. 이윽고 전해오는 팀파니의 공명이 눈길을 지나온 나의 가슴을 진정시켜 주었다. 스트링과 목관의 절묘한 화성이 한 치의 흐트러짐도 없이 실내를 채워 준다. 찻집 안이 온통 명곡의 선율 속으로 빠져들고 있었다. 어느 음절에선 고향의 슬픈 추억이, 또 어느 순간에선 화려한 미래의 청사진이 펼쳐지는 환상을 제공하여 주었다. 그새 식어버린 커피 한 잔을 바닥까지 마시고 나면, 영혼 속의 나는 몸 속의 나와 하나가 되어 황홀한 카타르시스에 휩싸였던 것이다.

눈 내리는 그 겨울밤, 포장마차에서 혼자 소주를 마시면, 누군가의 싯귀와도 비슷하게, 술잔 위로 눈송이들이 날아와 내려앉았다.

별과 스타

♦

　　매년 10월 9일은 우리 부부에게 한글날 말고도 특별함이 있는 날이다. 결혼기념일이었다. 나에겐 오직 당신밖에 없노라고 서로를 향해 대외적으로 표방한 날이었으니, 두 사람에겐 사뭇 각별한 마음이 아닐 수 없었다. 한편으론 몇 개의 '별'이 마음속에 들어앉은 날이기도 했다. 지하의 세종대왕께서 만드신 주옥같은 언어로, 밤하늘에 길쌈을 한 윤동주의 "별 헤는 밤"이 두 사람과 함께 했던 날이기도 하였다. 결혼식 답례품으로 준비했던 공중전화 카드에 인쇄체로 인용한 시구는 이랬다.

　　"가슴속에 하나 둘 새겨지는 별을 이제 다 못 헤는 것은 쉬이 아침이 오는 까닭이요, 내일 밤이 남은 까닭이요, 아직 나의 청춘이 다하지 않은 까닭입니다." 신랑 신부 올림.

　　연애시절의 일이다. 토요일 오후부터 월요일 아침 출근 무렵까지 양가에서는 두 사람을 내놓다시피 했다. 보려야 볼 수 없고, 찾으려야 찾을 수없이 주말은 두 사람만의 시간으로 굳어져 있었다.

당시의 낡은 승용차 한 대는 우리의 미래를 결속시킨 가교와 같은 존재였다. 언제나 정해진 목적지가 따로 없었다. 낮에도 가고 밤에도 달리는 여정이곤 하였다. 지방과 지방을 넘나들면서 낯선 곳으로 차츰 경계의 폭을 넓혀 나갔다. 그런데 공교로운 것은 가는 곳마다 거의 물이 있었다는 기억이다. 삼 면이 바다인 나라이기는 하였지만 가다가 멈추어 보면 어느 한적한 갯마을이거나 밤의 평화가 내려앉은 호숫가이고는 하였다.

어둠이 밀려온 그곳엔 별이 총총하였다. 밤하늘의 수많은 별들이 금방이라도 쏟아질세라 눈을 반짝이며 지상과 가까워지고는 하였다. 그녀는 내게 시를 읽어 달라고 하였다. 나는 목청을 가다듬고 중저음의 어조로 시의 구절들을 읊조려 주곤 하였다.
"밤이 깊을수록 별은 밝음 속에 사라지고 나는 어둠 속으로 사라진다. 이렇게 정다운 너 하나 나 하나는 어디서 무엇이 되어 다시 만나리." 특히 윤동주에서부터 시작한 별이 김광섭에 이르렀을 즘에는 영롱하던 별빛도 잦아들곤 하였다. 내게 몸을 기댄 채 숨죽였던 그녀의 마음도 시심 속으로 젖어들어가고 있었다.

그 시절의 별은 내겐 희망이었다. 위안과 격려이기도 했다. 하는 일 없이 낮부터 술을 푸거나 방황을 일삼고 있던 때였다. 그러다가 그녀를 만났고 두 사람이 함께하는 공간에는 언제나 탁 트인 바다와 호수가 나타나기 시작하였다. 보석 상자를 엎질러 놓은 듯한 밤하늘은 젊은 날의 설익은 방황을 결국 접게 해주었고 미래에 대한 희망을 밝혀 주기에 충분하였다.

이듬해 가을 우린 많은 사람들의 축복 속에 결혼을 할 수 있었으니, 그녀와 별은 내게 등대와도 같은 존재였었다.

별은 단순히 빛을 발하는 아름다움만이 아닌, 사람들에게 꿈과 희망을 주는 동경의 비유가 되어 왔다. 그래서 스타라고 하는지 모르겠다. 꿈을 위해 시련과 고통을 감내한 사람이라면 누구나 스타의 자리에 오를 수 있을 것이다. 인기 연예인 누구누구도 좋고, 아이돌(Idol) 가수 누구누구면 어떠랴. 톱스타, 슈퍼스타, 간판스타 등 직종과 분야에 따라 호칭도 여러 가지인 스타라는 말. 쉰의 나이를 목전에 둔 내 삶의 롤 모델(Role Model)은 어떤 스타이어야 할까.

인생의 남은 열정을 안아 줄 또 다른 나를 찾아가고 싶어진다. 살아간다는 것은 끊임없이 스스로를 확장시키는 과정일 것이다. 이를 위해 앞으로도 영원한 스승이 될 나의 소중한 경험을 바탕으로 새로운 삶을 설계하고 완성하는 노력을 기울여야 할 것이다. 이는 또 다른 나의 별을 찾아 나서는 아름다운 여로이리라.

나는 대한민국 소방관이다

소방관의 불 이야기

⚜

　불이 붙기 위해서는 불에 타는 물질과 불을 붙이는 점화원과 그리고 산소가 필요하다. 소방관들이 긴급히 향하는 곳이 어디인지 알 수는 없어도 그곳은 분명 이 삼박자가 고루 갖추어진 장소라 생각해도 무방하다. 흔히 말하는 연소의 3요소 가운데 어느 것 하나라도 빠지면 불은 만들어질 수 없기 때문이다.
　불에 타는 물질은 여러 가지를 들 수 있지만 성질과 상태에 따라 나누어진다. 연탄이나 나무, 종이, 숯 등에서부터 석유나 휘발유, 알코올 등과 같은 기름 물질, 그리고 천연가스나 프로판가스 등에 이르기까지 헤아릴 수 없이 많지만 일반적으로 고체보다는 액체가, 액체보다는 기체가 더 잘 연소된다고 볼 수 있다. 이 같은 연소물은 특별한 경우가 아니고서는 한 곳에 복합적으로 존재한다. 화재가 발생한 상황에서 분초를 다투어 진화하는 노력을 기울이지 않는다면 여러 물질들이 상호보완적으로 연소의 활성화에 기여하며 시간의 흐름과 함께 걷잡을 수 없이 타오르거나 주변으로의 연소 확대를 피할 수 없을 것이다.

옥내에서 가구류나 섬유류 등에 불이 붙었을 때는 옷이나 이불에 물을 적셔 덮는 것이 진화에 효과적이다. 산소 공급을 차단하는 데 중요한 구실을 하기 때문이다. 전기와 더불어 가스로 인한 화재의 원인도 적지 않은데, 가스가 새어 나와 집안 가득히 차 있어도 불이 없으면 폭발이 일어나지 않는다. 가스 냄새가 심할 경우 신속하게 환기를 시키고 라이터, 가스레인지 등 점화원이 될 수 있을 불씨의 사용을 삼가야 한다.

화재 발생 시 불에 직접적으로 피해를 입는 경우는 생각보다 많지 않다. 오히려 연기로 인한 질식 사고가 훨씬 빈번하게 일어난다. 제한된 공간에 유독가스와 연기가 차면서 호흡기와 신경계에 치명적인 손상을 주기 마련이다. 이럴 때는 구조대가 도착할 때까지 손수건이나 옷가지에 물을 묻혀 호흡기를 보호하고 낮은 자세를 유지해야 한다. 연기는 반드시 위로 올라가기 때문에 가능하다면 바닥에 엎드리는 것이 안전하다. 그 상태로 적절한 피난 방법을 강구해야 한다.

날씨와 발화 원인, 인화성 물질 등의 변수는 있겠지만, 목조건물은 5분에서 10분, 내화구조 건축물은 한 시간 전후에 불길이 최고조에 이른다. 화재의 최성기에 달해 거침없이 타오르는 불길은 보는 사람의 넋을 잃게 한다. 재산상의 손실은 물론 가족과 이웃의 인명마저 빼앗아가는 악령이기 때문이다. 불구경, 싸움 구경이 세상 제일 가는 구경이라지만, 이쯤 되면 모여든 사람들도 안타까움에 어쩔 줄 모를 것이다. 불과의 사투를 벌이는 소방관들의 모습도 재미로만

나는 대한민국 소방관이다

와닿지는 않을 것 같다.

　현장에 출동하여 화재를 진화하는 소방관들의 모습을 볼 때 가끔은 불도 없는 허공에 물을 뿌리는 경우를 본 적이 있을 것이다. 그것을 보는 대부분의 사람들은 왜 아까운 물을 허공에 뿌려 낭비할까라고 생각할 수 있겠지만 소방관의 이 같은 행동엔 나름의 이유가 있다. 화재 상공의 대기는 화재의 열기로 매우 높은 상태의 온도를 띠기 때문에 그 위에 물을 뿌리면 고온에 의해 뿌려진 물이 기화하게 되고, 기화된 물은 최고 1600배 가량 팽창하게 된다. 이렇게 팽창하여 불길 주변을 질식시켜서 불의 기세를 누그러뜨리는 화재진압의 방편이 되기도 한다.

　또 다른 행동을 보이기도 하는데, 소방관들은 화재현장에서 지붕의 기와를 뜯거나 창문을 깨는 등의 행동을 하거나 벽 자체를 허물기도 하는 걸 볼 수 있다. 거기에도 여러 이유가 있다. 소방관의 진입을 위하고 물을 뿌릴 공간을 확보하기 위해서다. 그보다 더 중요한 것은 연기의 배출을 꾀하기 위해서이다. 여기에서 나오는 현상이 '플래시오버(Flashover)'라고 불리는 화재 현상이다. 적절한 배연이 되지 않은 상태에서 폭발성 가스가 실내에 차면 인화점 이상의 온도를 만나게 된다. 이럴 때 순간적인 폭발이 일어날 수 있는데 그게 바로 플래시오버 현상이다.

　이 현상은 화재의 성장기라 할 수 있을 화재 발생 5~10분 안에 대부분 발생한다. 그렇기에 소방관들이 가장 먼저 하는 진압활동이 창문을 깨는 등의 배연 활동이라고 할 수 있다. 다른 하나는 공기의 주입 때문에 필요한 활동을 들 수 있다. 여기에 등장하는 것이 '백

드래프트(Back Draft)' 현상이다. 소방관의 활약상을 담은 영화 '분노의 역류'의 영문 제목으로도 잘 알려져 있다. 영화 속에서 아무런 생각 없이 문을 열었는데 순간적으로 '쾅' 하고 폭발하는 것으로 묘사된 장면이다. 공기가 없는 상태에서의 불길이 갑작스런 공기의 유입 방향으로 폭발하듯 번지는 장면이다. 때문에 이런 현상을 방지하기 위해 창문을 깨서 공기를 주입시킨다. 플래시 오버와 백 드래프트 현상을 직접적으로 체험한 소방관은 거의 없다고 한다. 이를 두고 '소방관 살해 현상'이라고도 얘기하는 것은 그만큼 위험하기 때문일 것이다.

상황실의 출동지령에 때를 맞춰 소방관들은 오늘도 부랴부랴 소방차에 몸을 싣는다. '부랴부랴'는 매우 급하게 서두르는 모양을 이르는 말이다. 불났을 때 다급히 외치는 '불이야, 불이야'가 소리 나는 대로 변한 것이라 하겠다. 불로 인한 재앙이며 재난인 화재(火災)는 번개 등에 의한 자연발화, 논두렁이나 쓰레기 등을 태우다가 실수로 내는 실화(失火), 목적을 가지고 일부러 놓는 방화(放火)로 일어난다. 재(災)라는 한자어는 불에 불꽃이 이글거리는 모습을 하고 있다. 불이 얼마나 무서운 건지를 짐작하게 하는 대목이 아닐까.

흔히 소방(消防)의 의미를 '불이 났을 때 불을 끄는 일'로 이해하고 있다. 하지만 '불이 나지 않도록 미리 막는 일'이라는 개념 또한 내포돼 있다. 화재는 예방이 최선이다. 화기(火器)를 사용하는 곳에 소화기를 비치하는 것은 기본이다. 화기를 정기적으로 점검하고 안전하게 다루는 일 또한 매우 중요하다.

불은 우리 생활에 없어서는 안 될 소중한 것이기에, 어쩌면 너와 나의 세상살이도 불을 닮고 있는 것은 아닌지 모르겠다. 한 점 불의 씨앗으로 세상에 나와 다독이고 부채질하면서 그 불길을 왕성하게 피워 오르게 하고 있으니 말이다. 괄목할만한 업적을 남기거나 자신을 희생한 사람을 일컬어 불꽃처럼 살다 간 인생이라고도 하였다. 밝게 타오르면서 뜨거운 불길로 스스로를 태우는 불의 속성을 표현한 것이리라. 화를 억누르지 못한 체 씻을 수 없는 과오를 저지르고 후회하는 삶을 사는 사람은 말 그대로 불을 다스리지 못한 사람일 것 같다.

해가 저물어 사방이 어두워지면 불빛이 하나둘씩 반짝이기 시작한다. 가로등 하나가 지친 영혼을 위해 따스한 불빛으로 피어나는 저녁이다. 눈에 드는 불이건 마음속에 이는 불이건 간에 그것이 제어할 수 없을 정도로 타오르게 하지말아야 할 것이다. 불조심을 하자는 것은 불 관리를 잘하자는 의미와 결코 다름이 아니다.

손수건 한 장

 2011년 4월 21일 새벽, 스페인에서 싱가포르로 항해하던 '한진 텐진호'가 해적들의 공격을 받고 연락이 두절됐던 사건이 벌어졌다. 우리 해군의 신속한 대처로 가까스로 위기를 모면했다는 뉴스가 날아들었다. 머나먼 공해상에서 뜻하지 않은 봉변을 당했지만 이를 슬기롭게 극복함으로써 국민의 자긍심을 드높여준 희소식이었다. 유사시 예기치 않은 상황에 대비하여 마련된 '안전격실'로 신속히 피난하여 20여 명의 귀중한 생명을 건질 수 있었다는 후일담은 참으로 다행한 일이었다.

 국가 간 이거나 교전 단체 사이에 무력을 사용한 일반적 전쟁의 개념이 아닌, 비의도적으로 발생한 화재사고로부터 생명을 지키는 방법은 무엇일까. 예고 없이 다가온 화재로부터도 스스로를 지키려는 노력이야말로 너와 내가 따로 없는 공통의 관심사일 것이다.

 일선의 소방관 입장에서 누구에게나 제안하고 싶은 사항이 한 가지 있었다. 그것은 손수건을 항상 휴대하고 다니라는 것이다. 특히 대형화재 시 피해자 대부분은 유독가스에 의해 의식을 잃거나 사망하게 된다. 통계에 따르면 화재로 인한 사망 중 60% 이상이 화염이 몸에 닿기 전에 가스와 연기로 인한 질식사이고, 약 20%만이 소사(불에 타서 죽음) 하는 것으로 나타나고 있다.

유독가스의 흡입을 최대한 늦추려면 손수건 등을 물에 적셔 코와 입을 가리고 호흡해야 한다. 손수건이나 휴지를 여러 겹으로 접어 입은 닫은 채, 코에 대고 호흡하면 방독면에 준하는 효과를 볼 수 있다. 따라서 손수건을 몸에 지니고 있는 것이 여러모로 도움이 될 수 있을 것이다.

봄철 황사엔 마스크 대용으로, 갑작스런 우천이나 뙤약볕 아래에선 두건으로, 출혈이나 골절 등 신체적 손상엔 응급처치 용품으로, 수인성 질병을 막기 위한 손 세척에 이르기까지 손수건 한 장의 활용도는 헤아릴 수 없이 많기만 하다.

그리고 보니 결혼을 앞둔 총각에겐 데이트 필수 용품이 될 수도 있을 것 같다. 좀 유치하면 어떠랴, 결혼이란 목적을 달성할 수도 있을 텐데. 야외 같은 데에 가서 상대방이 앉을 때 눈치껏 깔아 주는 것이다.

소방관서에서 그동안 추진해온 '한 가정 1소화기 갖기', 그리고 '전 국민 심폐소생술 교육' 등이 있다. 더불어 이번엔 '손수건 휴대하기'의 제안도 자리를 잡았으면 하는 마음이다. 작은 실천을 통하여 소중한 생명을 지키는 일로 이어질 수 있다면 이는 대단히 유의미한 국민운동이 될 수도 있을 것 같다는 생각이다.

나는 대한민국 소방관이다

술이 왠수라고요?

❦

눈을 뜨니 머리가 지끈거린다. 천장이 빙글빙글 돈다. 왜 아침부터 세상이 어지러운 것일까. 이유를 생각하고 있는데 아침 준비하다 말고 들이닥친 아내가 이불을 걷어내며 찬바람을 일으킨다. 내 교감신경은 즉각 전투태세에 임한다. "내가 언제 술 한 잔 마시고 머리 아프다, 속 쓰리다 했던 적이 있었냐"라며, 태연한 척 자리에서 일어난다. 물을 마시기 위해 주방으로 한두 발짝 옮기는 사이 비틀거리다가 문설주를 잡고 말았다. 그런 내게 아내의 잔소리가 빗발치기 시작하였다.

오랜만에 친구를 만났다. 꼬치구이에 소주 몇 잔이 오가다가 소맥 짬뽕을 했다. 2차로 노래방에 가서 출처불명의 맥주를 마셨던 것 같다. 이후에 호프집에서 입가심으로 생맥주를 마셨는데, 이후의 시간은 기억에 없었다. 속된 말로 필름이 끊겼던 것일까. 무기력한 몸을 소파에 앉혀 놓고 김이 모락모락 나는 콩나물국을 바라보면서 다시는 술을 마시지 않겠다고 다짐하고 있었다.

잔치나 제사나 상갓집에서, 회식이다 야유회다 단합대회다 하는 자리에서 빠지지 않고 나타나는 것 중에 하나가 바로 술이다. 뿐만 아니라 축하와 격려, 슬픔과 기쁨의 자리에서도 결코 지나쳐서는 안 되는 것이 바로 음주 문화이다. 유비, 관우, 장비가 도원결의를 하면서 술을 대신하여 피를 나누었다지만, 아마도 그 피 역시 술잔에 섞지는 않았는지 생각해 본다. 굳이 아니라고 하여도 술 한 잔의 의미에서 나아간 것이 아니고 무엇이랴. 지나온 내 삶에 배인 술의 정체는 과연 무엇이었을까.

　약관의 시절, 재수를 하던 무렵이었다. 온종일 골방에 갇혀 있다가 그날이 마침 장날인 것을 알았을 땐 저녁 무렵에 시장으로 향했다. 이 주머니 저 주머니를 뒤져 동전 한 닢 까지 끌어모았다. 장날이면 임시로 천막을 치고 솥단지를 걸쳐놓고서 국수를 파는 곳이 있었다. 진하고 구수한 국물 맛이 일품이었다. 부스러진 선지와 쫄깃한 내장, 거기에다 아줌마의 인심이 더해지기라도 한 날엔 살코기도 한두 점 들어있었다. 퉁퉁 불어 터진 국수 가락이 왜 그렇게도 맛있었을까. 여기에 막걸리 한 잔이 빠지면 절대로 안 될 일이었다. 눈이 즐겁고 입이 즐거웠다. 장터국수 오백 원에다 막걸리 한 잔 이백 원을 더한 행복을 무엇과도 견주기 힘들었다.

　고단했던 일등병 시절에도 술이 있었다. 그날은 부대 창설 기념일이어서 훈련도 없었고, 고참병에게 집합을 당할 일도 없어서 더없이 좋은 날이었다. 돼지 한 마리를 잡아 놓고 부대 회식을 치르는 중이었다. 엊그제 들어온 신병에겐 전입을 축하한다는 명목으로 대

잔 가득히 술이 부어졌다. 제대 날짜만 꼽고 있는 선임들은 몸을 사리는지 졸병들 술잔에만 넘치도록 따라 주었다. 모든 술잔은 관행대로 원 샷이었고, 잔을 내려놓기 무섭게 여기저기서 '위하여, 위하여'를 연발해대고 있었다.

   한동안의 시간이 흐르자 나는 마치 회전목마를 타고 있는 기분이 들었다. 분위기가 무르익어 가면서 이번엔 손으로 지구본을 힘껏 돌린 것처럼 세상의 모든 것이 정신없이 돌아가고 있었다. 때마침 군악대의 감미로운 연주가 흘러나왔고, 나는 아리랑 장단에 춤을 추듯 양손을 들어 덩실덩실 춤사위를 내보이는 자신을 의식하게 되었다. 흐느적흐느적 비틀거리며 홀 안을 누볐다. 대장, 부대장을 위시해서 간부들이 있는 테이블 앞에 이르러 내 춤은 절정에 달했다. 눈을 지그시 감고 흐르는 음악에 나를 실었다. 감히 누구도 얼씬하지 못하는 상관들의 코앞에서 나는 마음껏 기분을 발산하고 만 것이다. 내 고향 예산에 있는 예순이는 아직도 나를 생각하고 있을까, 술을 좋아하는 아버지는 지금도 엄마와 잦은 싸움을 벌이고 있을까, 동생들은 학교에 잘 다니고 있겠지. 여러 가지 시름 속에서도 내 춤의 완성도는 절정을 향해 치달아 갔다. 소대장이나 고참병들은 예기치 않은 내 행동에 배를 움켜잡으며 웃고 있었다. 푸른 제복에 배인 술잔의 고뇌가 절정이었다.

   공무원 시험을 준비하던 시절의 어느 주말에 지금의 그녀를 만났다. 어디를 다녀오다가 한식당에서 두 사람은 저녁식사를 했다. 그날 나는 작정을 하고 연거푸 술을 들이켰다. 이윽고 술기운이 차오르기 시작하자 그녀에게 진작 하고 싶었던 이야기를 꺼내놓았다.

내 진지한 어조가 갑작스러웠는지 그녀는 당황해했다. 이야기의 줄거리는 대강 이러했다. "내 어린 시절은 매우 궁핍했다. 그것은 지금도 마찬가지다. 가진 것도 없고 특별나게 남다른 능력의 소유자도 아니다. 시험을 준비하고는 있지만 언제 될지도 모르고 지금 상태에서 내 인생은 막연하기만 하다. 그러니 네가 원한다면 언제라도 내 곁을 떠나라"는 것이었다.

그녀와 난 세 살 차이였으며 두 사람 모두 결혼을 생각해야 할 처지였다. 여학교에서 교편을 잡고 활기찬 사회생활에 여념이 없는 그녀 앞에서 나는 한낱 초라한 존재에 불과했다. 그녀를 위해 무엇 하나 해줄 것이 없다는 자괴감에 빠져 있던 때였다. 얘기가 끝나갈 무렵에 그녀는 울고 있었다. 그런데 전혀 슬프다는 표정이 아니었다. 고개를 들고 아무렇지도 않다는 듯 손수건으로 눈물을 훔칠 뿐이었다. 그러면서 나중엔 엷은 미소를 내보이기까지 하고 있었다. 답사 형식을 띤 그녀의 말이 내 귀에 걸리고 있었다. "인규 씨, 당신은 지금 그 누구에게도 내보이기 힘든 자신의 치부만을 내게 보여주었어. 그것만으로도 난 얼마나 고맙고 감사한지 몰라. 자, 술 한 잔 따라줄게." 내 어두운 청춘의 어느 저녁에 내 사랑과 희망을 확인시켜준 환희의 술잔이었다.

그러나 내게 있어 술이라는 것이 좋은 기억으로 자리해 있는 것만은 아니었다. 저 앞에서 불방망이가 춤을 추는 것을 용케 발견하여 잽싸게 중앙선을 넘고 골목에 차를 버린 채 줄행랑을 친 사실도 있었다. 좌절과 슬픔을 오직 술로 모면하려 했던 적도 많았다. 평소에 쌓인 불만을 술김에 표출했던 일은 왜 없었겠는가. 응당 있어야 할 자리에 보이지 않는 사람으로 인하여 아쉽고 서운한 마음이 드는 것과 마찬가지로, 술은 그렇게 우리 생활에 필요 불가결한 것으로 자리매김 되었다. 때론 원수와도 같은 것이지만 결국엔 사랑할 수밖에 없는 것이었다. 적당한 타협이 쉽지 않지만 매순간 건전한 음주 습관을 갖는 노력을 기울이는 것밖에 큰 도리가 없을 것 같다. 그렇게 하여 술과 나와의 관계는 더욱 돈독해질 수 있지 않을까.

    다시 술 한 잔이 마시고 싶어진다. 잠시 동안의 술 이야기가 해장이 되었는지 그새 숙취도 사라졌다. 오늘 저녁엔 돼지고기를 한 뭉치 사다가 푹 삶아서 아내와 함께 복분자술이나 한잔 해야겠다.

아이와 자전거

⚜

"아빠 저 자전거 찾았어요." 수화기의 목소리가 들떠 있었다. 행방이 묘연했던 자전거로 풀이 죽어지낸 아이였다. 며칠 전 자전거를 타고 놀다가 근처에 세워두었는데 감쪽같이 사라졌다는 거였다. 그 후 녀석의 행동은 눈에 띄게 달라져 있었다. 말수가 줄고 생기가 없었다. 엄마의 나무람도 있었지만, 스스로가 아끼던 물건이 없어졌으므로 의기소침할만했을 것이다. 내색은 안 했지만 시간을 내어 여기저기 자전거를 찾아 헤맨 것 같았다. 요행히 시내 어느 곳을 지나다 발견하고 기쁜 마음에 아빠에게 전화를 한 거였다. "잘 타고 놀아라. 나도 너만 할 적에 자전거를 무척 좋아 했단다." 어느새 아이의 즐거워하는 모습이 내 눈에 그려지고 있었다.

자전거에 얽힌 어린 시절이 떠오른다. 내가 자전거를 배운 것은 초등학교 4학년 무렵이었다. 쉽게 배울 수 있는 형편이 아니었다. 집이나 아버지 가게 앞에 세워 놓은 자전거를 몰래 끌고 나가는 것이 관건이었다. 자전거를 탈 줄 몰랐던 데다 수시로 업무에 이용되는 아버지의 자전거를 빼돌리는 일은 엄청난 모험을 감수해야 하였다. 들키면 그때마다 야단을 맞았다. 하지만 혼이 나도 그때뿐이었다. 자전거 한 대를 놓고 부자간의 줄다리기가 이만저만이 아니었다.

몸집이 큰 아버지의 자전거는 끌고 걷기에도 힘에 부쳤다. 처음엔 오른발을 자전거의 왼쪽 페달에 얹고 왼발은 땅을 짚는다. 한 발짝 이상을 나아가지 못하고 땅을 짚고, 계속해서 그러기를 반복해야 했다. 그때의 내 모습은 절름발이가 기를 쓰며 누군가를 열심히 쫓는 동작과 흡사했다. 행여 반대쪽으로 넘어지는 건 아닐까 온몸에 잔뜩 힘이 들어갔다. 주인 잘못 만난 자전거는 연일 수난을 당하여 여기저기 긁히고 찌그러지기 일쑤였다.

며칠이 지나자 땅을 짚지 않고 제법 나아갈 수 있었다. 좌측 페달을 밟았던 오른발은 왼발로 교체되고, 이제 오른발은 역삼각형 프레임 사이로 넣어 두 페달 모두를 밟아서 겨우겨우 달릴 수 있었다. 우측 겨드랑이를 안장에 끼고 다른 한 손으로 핸들을 잡았다. 요즘은 찾아볼 수 없는 기이한 동작이었지만 당시의 아이들은 그런 과정을 통해서 자전거를 배웠다.

몸도 마음도 자전거 위에 앉았다. 힘껏 밟는 페달에 나른했던 바퀴도 숨을 골랐다. 서로 하나가 되었다. 다정한 길동무인 셈이었다. 엄마 심부름이 신이 났고 아버지 심부름이 기다려졌다. 오 리 길 친구 집도 십 리 길 저수지도 거침없이 달려갔다. 주말이나 공휴일에는 인근 사찰이나 공원을 찾았다. 자주 가고 싶었지만 걸어서 가기엔 부담스러운 거리였는데, 자전거와 함께 가는 그 길은 마치 미지를 향해 떠나는 여행길과 같았다.

안장 위로 올라 엉덩이 씰룩대며 마음껏 자전거를 탈 수 있었던 어느 날이었다. 세 살배기 어린 동생을 태우고 집을 나섰다. 앞자리에 설치한 유아용 좌석에 동생을 태웠다. 나는 신이 났다. 열심히 배운 자전거에 처음으로 누군가를 태운다는 사실이 나를 몹시 설레게 했다. 친구도 좋고, 아는 사람도 좋고, 될 수 있으면 많은 사람들이 그런 내 모습을 보아주었으면 싶었다. 얼마 동안을 가고 있는데 그만 사단이 나고 말았다. 왕복 2차선 도로였는데, 길 위엔 차들이 쌩쌩 달려가고 있었다.

    나는 앞서가던 리어카 때문에 급히 멈춰야 했다. 짧은 다리 한 쪽이 지면에 닿는가 싶더니 자전거가 기울어진 탓에 동생이 그만 아스팔트 바닥으로 내동댕이쳐지고 말았다. 동생의 울음소리가 지나가는 사람들을 멈춰 세웠다. 벌린 입을 다물지 못한 채 두 눈이 사라지도록 울어 재꼈다. 턱이 깨지고 한 쪽 뺨은 페인트칠 자국처럼 시뻘겋게 긁혀 있었다. 나는 어쩔 줄 모르고 "울지 마!, 울지 마"를 반복하는데 길 가던 아주머니 한 분이 동생의 얼굴을 손수건으로 닦아 주었다. 자전거를 끌고 터벅터벅 집을 향해 걸었다. 하늘이 잿빛으로 변해 있었다. 아버지의 화난 모습이 아른거렸다. 어린 동생은 여전히 멀대 같은 오빠를 향해 앙앙거리며 뒤따라오고 있었다.

    엊그제 같은 기억이었는데 적지 않은 세월이 흘렀다. 그날의 동생도 자전거 사고가 액땜이 되었는지 잘 성장하여 단란한 가정을 이루었고, 그 시절의 그녀만 한 아이를 낳아 기르고 있다. 자전거를 볼 때면 언제나 그날의 생생한 기억이 떠오른다. 자전거를 타고 동네 골목을 기웃거리던 나의 모습과 어느새 내 아이의 모습이 겹쳐져

나는 대한민국 소방관이다

다가오고 있었다.

 "얘야, 넌 속이 깊은 아이구나. 자기 것을 소중히 여길 줄 아는 걸 보니" 나는 마음속으로 아이를 응원하여 주었다. 자전거를 잃어 버린 모습이 안쓰러워 바로 사주려고 했다가 며칠간 지켜보기로 하였는데, 아이는 결국 제 소중한 물건을 자신의 힘으로 찾아오지 않았던가. 언젠가 우리 가족이 자전거 여행을 함께 떠나면 좋겠다는 생각이 들었다. 도시락을 준비하고 배낭을 하나씩 둘러메고서. 산과 내를 끼고돌며 달리면 아름다운 풍경이 펼쳐지겠지. 그곳이 아빠의 어릴 적 살던 고향이었으면 좋겠구나. 호수가 있고 그 너머에 빨갛게 익어가는 사과밭이 있었지. 가족 여행에서 돌아오면 너의 행동반경은 더 넓어지고 너의 생각은 더욱 깊어질 거야. 자전거를 타는 것은 세상을 향하여 세상 속으로 또 다른 날개를 펴고 날아가는 일이었단다.

어느 소방관의 하루

큰 비가 내려 물난리가 났다. 한 나라의 수도가 물에 잠기고 부자 동네가 산사태로 휩쓸렸다. 모든 것이 아수라장으로 변해 버렸다. 장마 지났다는 얘기가 귓전에 닿았다 사라지기 전인데, 다시 태풍이란다. 남쪽 먼바다에서 이곳으로 몰려오는 중이었다. 동료들의 움직임이 부산해졌다. 비상 연락망을 점검하고 차량의 적재 장비를 확인했다. 개인 장구를 챙기면서 마음가짐을 단단히 했다. 무전기 소리에 귀 기울이며 관내 상황을 주시하고 있었다.

지붕이 뜯겨 날아갔다. 유리창이 박살이 났다. 울안의 살림살이가 소용돌이 바람에 내동댕이쳐지고 있었다. 119구급대가 출동한 것은 그 속에서 떨고 있는 다섯 식구들의 구호를 위해서였다. 친척 집으로 피신하려면 택시가 더 빠른 대처일 수도 있었는데, 119의 손길이 더 미더웠는지 모르겠다.

구급차 양옆으로 강풍이 몰아친다. 전복이라도 되면 어쩌나 불안하기도 했다. 운전을 담당한 대원의 몸이 굳어져 가고, 도로엔 많은 차량들 대신 나뭇가지와 쓰레기들로 어지러웠다. 차 안엔 조용한 적막이 흐른다. 밖의 소란함이 생생할 만큼 침묵이 흘러갔다. 구급대원이나 그 가족에게 무슨 말이 필요하겠는가. 20여 분의 시간이 몇 곱절이나 길게 느껴진 상황이었다. 가족 모두가 구급대원에게 손을 흔들어 고마움을 표시하였다.

    귀환 중인 구급대에 다시 출동 명령이 떨어졌다. 70대 노인 환자가 발생한 것이다. 식구가 동네 초상집에서 인절미를 가져왔는데 그걸 먹고 체한 것 같다고 하였다. 문진을 하는 구급대원의 물음에 아무런 응답이 없다. 노년의 연세를 감안하더라도 혈압과 맥박은 정상치에서 벗어나 있고, 얼굴은 검푸른 색을 띠는 것이 청색 증을 넘어선 상태이다. 환자의 미약한 호흡을 감지한 순간 우리는 함께 환자의 기도확보에 나섰다. 병원에 도착하기 이전에 적절한 처치가 선행되지 않으면 생명을 담보할 수 없는 응급한 상태의 환자이다. 즉시 환자의 입안을 살펴보았다. 숨길을 막은 원인을 찾고 그걸 해결해야 하였다. 목 안을 들여다보며 몇 차례 석션(Suction, 목 안의 이물질을 의료장비를 이용하여 제거하는 행위)을 시행하는 중이다.

    그런데 갑자기 환자가 덩어리진 무엇인가를 토하듯 내뱉는다. 한동안 정신없이 기침을 한다. 그리고 큰 숨을 몰아쉬었다. 마치 전력 질주를 마친 사람이 거친 숨을 내쉬듯 하더니 이내 편안함을 되찾고 있는 중이다. 노인은 아직도 겁에 질린 눈빛이지만 표정은 점점 핏빛이 돌면서 환해지고 있다. 보호자의 말만 듣고 생각 없이 병원으로 향했다면 어땠을까. 병원에 도착하여 환자 정보와 응급처치 사항을 브리핑하자 응급실 의사가 치료비는 119선생님께 드려야 할 것 같다고 구급대원을 치켜세운다. 노인이나 아이들이 고기나 찹쌀떡 같은 음식을 먹을 땐 각별히 조심할 일이라는 당부와 함께 제복 공무원으로서의 예를 갖추고 병원 문을 나섰다.

관내에서 발생한 화재로 집 한 채가 전소되었다. 119안전센터의 모든 소방력이 집중되었다. 바람보다 앞서 달려가 거센 물기둥을 관창으로 뿜어냈지만 화마는 이미 집 한 채를 송두리째 집어삼키고 말았다. 잔불 정리가 끝난 것은 현장 활동 두어 시간이 지난 때였다. 짊어진 공기 호흡기를 내려놓았다. 땀에 젖은 방수복도 풀어 놓았다. 긴장이 풀리자 예의 허탈한 마음이 찾아 든다. 소방차 차창 밖으로 대원 중 누군가의 참았던 담배연기가 새어 나왔다. 애써 작은 위안이라도 찾는다면 인명의 피해가 없고 불이 옮겨붙는 것을 방지했다는 것이다. 세찬 바람결의 새벽녘에 집주인의 암담했던 눈망울이 한참이나 떠오르고 있었다.

열네 살 중학생인 딸이 30여 분 동안 코피가 멈추지 않고 계속되자 어머니는 한밤중 119도움을 요청하기에 이르렀다. 구급대원이 도착했을 때 환자 미영이의 코피는 지혈이 되어 있었다. 피 묻은 휴지를 손에 쥐고 엄마 곁에서 구급차를 기다리고 있었다. 미영이가 초등학교 4학년 때 옆 짝꿍에게 주먹으로 콧잔등을 한대 얻어맞은 이후에 생긴 일이라고 한다. 일주일에 2~3회씩 습관적으로 코피를 흘린다고 했다. 이런 자식을 둔 어머니의 지혜였을까. 얼음찜질을 하고 또 계속했더니 출혈이 가라앉더란다. 장시간 계속된 출혈과 이로 인한 불안감으로 미영이의 혈압은 140/90mmhg, 맥박 100회/

분으로 다소 상승되어 있었다. 출혈은 이미 멈추었지만 재발의 가능성도 있기 때문에 구급대는 가까운 병원으로 환자를 안전하게 이송시켰다.

4대 독자인 미영이 아빠는 작년에 세상을 떠났다고 했다. 딸만 여섯을 낳은 끝에 아들 하나를 얻었는데, 곁에 두고 그림자처럼 데리고 다니다가 물놀이 사고로 그만 아들을 잃었고 나날을 술로 지냈다는 것이다. 열세 마지기의 논과 얼마간의 밭농사로 여섯 자매를 키우고 설움을 삭히며 살아가는 미영이 어머니. 처음 대하는 119대원 앞에서 묻지도 않은 가슴속 사연을 꺼내든 미영이 엄마에게 새벽길을 달려온 119가 작은 위안이라도 되었던 것일까. 미영이가 회복하여 생기 있고 발랄한 소녀로 성장해 주길 바랐다.

"나는 응급구조 대원으로서 하나님과 인간의 육체적, 사법적인 법을 존중할 것을 맹세한다. 나는 나의 능력과 판단을 고려하여 다음과 같은 서약을 따를 것이다. 나는 환자의 이익을 고려할 것이며, 어떠한 유독하고 유해한 것도 삼가며, 협의하지도 않을 것이다. 내가 어떤 집을 방문한다면 아프고 상처 입은 자들의 이익을 위하여 들어갈 것이며, 법에 의해서 요구되지 않는 한, 나는 생활 속에 보고 들은 어떠한 것도 결코 누설하지 않을 것이다. 나는 또한 나의 의학적 지식을 내가 배운 모든 것에 혜택을 받을 사람들과 나눌 것이다. 나는 모든 인류를 위하여 더욱더 좋은 세상이 되도록 이타적으로 또 계속적으로 봉사할 것이다. 내가 만일 이 서약을 계속적으로 지킨다면 나에겐 즐거운 삶과 예술의 실행이 뒤따를 것이며 그렇지 않고 이 서약을 범하거나 어기면 나의 운은 역행될 것이다.

신이여 나를 도우소서!"

- 「응급구조대원」 전문 인용

여름날의 가족여행

어머니와 도토리묵

엄마는 산 중턱에 이르러 멀리 뭉게구름을 바라보며 숨을 돌렸다. 나일론 보자기를 앞치마처럼 두르더니 가장자리를 다시 허리춤으로 올려 묶었다. 순식간에 캥거루가 되었다. 양손을 놀리기에 편한 모습이다. 일찌감치 떨어진 도토리를 다람쥐보다 먼저 주웠다. 아직 연둣빛으로 매달린 것까지도 따 담았다. 이렇게 모인 도토리가 말가웃 쯤 되면 그걸 모아서 햇볕에 말렸다. 딱딱한 껍질이 앞 이로 깨물 수 있을 정도가 되면 도토리들을 맷돌에 넣고 갈았다. 물에 담가 한동안 떫은 기운을 우려내었다. 그렇게 걸러진 앙금에 알맞은 양의 물을 섞는데, 이때 특히 주의를 기울이는 모습이었다. 뒤꼍에 내걸린 양은솥에 그것을 앉히고 나면 그때부터 치성의 시간이 이루어진다. 행여 그르칠까 불 지핀 장작개비 내고 들이기를 반복했다. 나무 주걱으로 사알 살 솥 안쪽을 저어 주었다. 걸쭉해질 때까지 마음을 달래고 생각을 달래는 듯 그 일에 매달리었다.

묵이 쑤어지면 엄마는 아이들부터 먼저 먹였다. 항아리 주둥이에 네댓 번 휘둘린 부엌칼이 도마를 대신한 엄마의 손바닥 위에서 조신하게 움직였다. 썬 묵에서는 암갈색의 엷은 광택이 올라와 있었다. 때 절은 기름병 거꾸로 세워 엉덩이 서너 대 패고 나면 바닥난 기름도 한 두 방울은 눈물처럼 떨구었다. 쌉쌀한 뒷맛이 '챔기름' 냄새에 어우러졌다. 휨은 있어도 뭉개짐이 없이 부드러운 묵 한 점이 입안에서 돌았다. 거칠고 윤기 없던 밥상 위에서도 숲속의 깊은 맛을 안겨 주었다.

그때만 해도 누님만 했던 중년의 어머니도 이젠 병상에서 지나온 날들을 헤아리는 신세가 되었다. 정성 가득한 당신의 도토리묵을 이젠 더 이상 먹을 수 없게 되어버린 것이다. 내게는 아이들을 데리고 잊히지 않는 그 맛을 찾아다니게 해놓고서는.

어머니 묵과 흡사한 맛을 느끼게 하는 곳이 있었다. '동촌묵집'이다. 동촌은 예로부터 전해지는 방산 마을의 또 다른 지명인데, 충남 아산시 도고온천역에서 예산군 대술면 방향으로 645번 도로를 타고 20여 분 내려가다가 삼거리 모퉁이에 자리한 곳이다. 멸치, 다시마 등으로 우려낸 깔끔한 육수에 묵은김치와 들깨가루와 김을 넣고 얼음 동동 띄워 내놓은 묵탕의 맛이 이만저만이 아니었다. 아이들이야 나의 묵 맛을 알리 없지만 모처럼의 가족 나들이에 그저 신이 난 모습이다. 묵 맛을 찾아서 어머니와 함께 이곳에 와볼 수 있는 날이 내게는 아직 남아 있을까. 아랫배가 기분 좋게 부른 상태로 우리는 인근에 자리한 '수당 기념관'을 찾아보았다.

수당(修堂) 이남규 선생

　수당 기념관은 일제 침략에 맞서 독립을 위해 앞장선 수당 이남규 선생이 태어난 곳이다. 국가보훈처에서 지정한 현충시설인데, 수당 4대로 이어진 애국, 호국 활동을 소개하고 선대 유물 및 고문서 등을 살필 수 있다. 자라나는 세대들에게 나라사랑의 산 교육장으로 활용되는 좋은 장소로 여겨진다. 특히 그분이 실천한 "사가살 불가욕(士可殺 不可辱)"의 정신은 선비는 죽일 수 있으되 욕보일 수 없다는 의미 깊은 뜻을 담고 있었다. 선생께서는 일제의 회유에도 끝까지 뜻을 굽히지 않고 그의 아들과 가마꾼까지 함께 독립의 의지를 세웠다. 정부에서는 고인의 공훈을 기리어 1962년 건국훈장 독립장을 추서하였다. 이 구석진 마을에 수당 선생의 기상과 굳은 절개가 오늘도 살아 숨 쉬는 예산은 명성 그대로 충절의 고장임을 느끼게 하여 주었다.

　시골길에 승용차의 통행이 부쩍 늘어난 것이 휴가철임을 느끼게 하여준다. 한적한 길을 달리는 저들의 움직임이 비교적 여유롭다. 완행버스가 뿌연 먼지를 일으키면 길을 가다가도 눈을 뜰 수 없었던 시절이 있었다. 여름철 방역차량의 소독을 연상케 한 그 연막이 알고 보니 자동차 매연이었더라는 사실이다. 다행히 그런 풍경은 사라지고 없다. 저만치 도로와 평행이 되어 흐르는 냇가 양편으로 길쭉한 미루나무가 줄지어 서있다. 매미며 참새들의 휴식처가 되고 남았다. 짙푸른 산들이 병풍처럼 드리워져 있었다. 세상이 푸른 물결로 넘실대는 8월의 여름은 여기저기 쉼터들이 손짓하는 계절이다. 우리의 가족여행도 또 다른 목적지를 향하여 추억을 안고, 추억을 낳으며 달려간다.

광천 시장에서

장을 둘러보는데 아내가 어느 상점의 가판대 앞에서 발을 멈춘다. 이것저것을 한참 만지작거리다가 무엇인가를 집어 든다. 아내의 손끝은 남모를 특별한 감각이 있는 것 같다. 옷을 사거나 과일을 사거나 그 밖의 물건을 고를 때 대충 사는 법이 없었다. 들었다 놨다를 반복하다가 살지 말지 망설이곤 한다. 지금처럼 동일한 규격의 물건을 고를 때에도 예외가 아니었다.

아내가 집어 든 나프탈렌, 갓난쟁이 주먹만한 빨간 망사를 뒤집어쓴 소독약 꾸러미이다. 초파리 몇 마리에 신경이 거슬려 나프탈렌을 놓아보면 어떠냐 했던 말이 생각났을까. 세 개를 함께 들고 값을 묻는다. 어머니 연배쯤 되어 보이는 주인은 원래 천 원씩은 받아야 하는데, 그냥 이천 원만 내라는 말에 아내는 선뜻 계산을 한다. 천 원짜리 물건 세 개를 사는데 하나 값을 제해주겠다는 셈인데, 충청도 인심이 아직 살아 있다는 것을 보여주는 것 같다. 아이들 표현을 빌리자면 '완전 대박'이 아닌가.

세상에 밑지는 장사가 어디 있으랴. 하지만 주인은 아내처럼 흥정하기 좋아하는 사람들을 알아보는 눈치를 가졌던 것 같았다. 무슨 생각을 하는지 아내는 일말의 아쉬움도 없다는 듯 순순한 표정을 지어 보인다. 발길을 돌리다 말고, "여기 돼지머리 수육 잘하는 곳이 있다던데 혹시 아세요?"라며 묻는다. 어디선가 들은 얘기가 있어

기왕이면 그 집에 가보자는 얘기를 차 안에서 나누었던 것 같다. 이 지역이 새우젓으로 유명한 곳이었다. 자연스럽게 시장 주변엔 새우젓과 궁합이 잘 맞는다는 돼지고기 수육집이 있었을 것이다. 칼국수와 함께 수육을 팔고 있는 식당이 적지 않았다. 인근의 오서산을 오르거나 산행을 하지 않더라도 부부가 장날에 맞춰 드라이브 삼아 자주 찾는 곳이기도 하였다.

TV에 나왔다는 광고성 입간판이 크게 매달려 있는 집이었다. 가게 안으로 들어서자 여기저기에 내걸린 액자가 눈에 들었다. 십여 년 전 방송에 나왔다는 빛바랜 사진들이었다. 실내 인테리어의 일부로 생각하기엔 다소 무리가 있어 보였다. 허름한 벽면에 제멋대로 걸린 사진틀이 언발란스한 모습을 연출하고 있다. 마치 이 집을 찾는 사람들에겐 세월이 흘러 주인이 바뀌어도 없어지지 않을 훈장과도 같은 장면이었다.

머리고기 한 접시에 막걸리 한 병과 칼국수 두 그릇을 주문하였다. 고기와 막걸리의 포만감이라면 칼국수는 두 그릇을 가지고 네 식구가 나누어도 좋을 성싶었다. 그런데 가게에 들어섰을 때의 이미지와는 전혀 다른 음식이 식탁을 장식하여 주었다. 잡냄새 없이 삶아진 고기 한 점을 입에 넣어 보았다. 담백하고 고소한 맛이 일품이었다. 적당히 곰삭은 새우젓도 그만이었다. 작은 종지에 담긴 천일염의 개미도 여느 소금 맛과는 차이가 나는 것 같았다. 돼지고기와 새우젓의 궁합은 막걸리 한 사발과 어울려 부부의 금슬을 돋우어 주기에 부족함이 없는 듯하였다.

그냥 가기에 서운하여서 뭘 좀 사가지고 가자고 하였더니, 아내는 그럴 거면 "대근네"로 가자고 한다. "대근네?"하고 물었더니 언젠가 그 집에 간 직이 있다고 했다.

무표정한 얼굴로 파리채를 들고 있던 여자가 반색을 한다. 두 사람은 손을 맞잡고 즐거워한다. "지난번 관광차로 손님들 많이 데리고 와 줘서 고마웠다"는 말을 주고받는다. 아내는 이쑤시개를 들고 여러 가지 젓갈을 콕콕 찍어서 내 입에 넣어주는 친절을 베푼다. 새 새끼처럼 날름날름 받아먹을 수밖에 없는 상황이었다. 두 여자의 사고파는 모습이 친구처럼 다정해 보인다.

"언제 관광차를 타고 그 집엘 다녀왔는데?" 하고 물으니, 아내의 대답이 가관이다. "아이! 손님들 많이 상대하다 보면 이 사람이 그 사람 같을 때가 있는 거잖아, 거기다 대고 굳이 아니라고 할 필요가 뭐가 있어? 덕분에 이 아가미 젓이 오천 원 내고도 만 원어치도 넘잖아." 아하, 이런 게 세상을 살아가는 묘미였구나.

서산의 해가 하루의 그림자를 내리고 저물어 간다. 어두워져 가는 들녘을 바라보며 돌아오는 길이 편안하고 고마워진다. 오늘 저녁은 젓갈 한 가지에 물에 만 밥을 아내와 함께 나누어도 우리는 행복할 것 같았다. 천수만의 창포빛 물결이 차창에 스쳤다가 멀어져 가고 있었다.

울분과 공분

주말 저녁이었다. 119구급대원인 나는 40여 분 거리의 주택가로 향했다. 관할 구역이 아니었지만 그곳을 담당하는 구급대가 이미 다른 임무로 출동하였다. 대신 인접지역에 있는 우리 구급대가 출동하게 되었다. 목적지에 이르자 한 사내가 손을 흔들었다. 그는 동네 가게 앞에서 의자에 앉아 담배를 피우고 있었다. 신고자임을 짐작할 수 있었다. 곧바로 환자의 상태를 확인하였다. 50대 남자 입에선 진한 술 냄새가 피어오르고 있었는데 의식은 온전한 편이었다. 혈압과 맥박이 다소 올라 있는 상태였지만 위급한 환자로는 보이지 않았다. 환자는 자신이 정한 병원으로 데려다주길 희망했다. 밥도 잘 먹지 못하고 머리가 계속 어지럽다고 했다. 하지만 구급대는 의료기관으로의 이송을 거절할 수밖에 없었다. 응급환자가 아닌 것으로 확인되면 필요한 절차에 따라 환자의 이송을 거절할 수 있었는데, 이는 응급의료의 순기능을 보호하여 선의의 피해자가 없도록 하려는 취지 때문이었다.

정중한 거절에도 그는 좀처럼 수긍하려 들지 않았다. 다시 그 사람을 설득했다. 환자를 이송해시는 안 되는 상황은 물론이고 환자 본인을 위해서도 특별한 병의 징후도 없이 의료기관을 남용해서는 안 된다는 설명을 해주었다. 집에서 잠시 안정을 취해보고 그래도 병원에 가야겠다는 생각이 들면 다시 신고를 해달라는 부탁을 하였다.

그런데 그가 갑자기 돌변을 하여 한바탕의 소란을 피웠다. 119 구급차를 마치 택시 부르듯이 집 앞까지 불러들여 마음대로 이용하려 했던 본색을 드러내는 것 같았다. 자신의 뜻대로 되지 않자 삿대질을 하며 고함을 질렀다. "몸이 아파 119를 불렀는데, 왜 병원에 데려다주지 않느냐, 네가 의사냐? 내가 세금을 얼마나 내는지 아느냐. 나 죽으면 너희들이 책임질 수 있어." 하며 악을 써대고 있었다.

답답한 마음이 들었으나 함부로 대할 수도 없었다. 대부분의 사람들은 이 같은 상황에서 혈압이 오르고 말 것이다. 내가 만약 이 시간에 제복을 입고 있지 않았다면 어떤 행동을 취했을까. 구급대원의 역할이 아닌 다른 유사한 상황이라면 난 어떻게 행동을 했을까. 혼란스러운 생각에 사로잡힌 것도 잠시였다. 갑작스런 소란과 번쩍이는 경광 불빛을 보고 동네 사람들이 모여들고 있었다. 연세가 지긋한 아주머니 한 분이 "저 양반 왜 또 저래"하며 안타까운 표정을 지었다. 그가 평소에도 성실한 사람이 아니라는 생각을 들게 하였다. 그 말이 신호가 됐는지 여기저기서 사람들이 거들기 시작했다.

"그러잖아도 바쁜 양반들 왜 오라 가라 해, 술병이 나서 그런 걸 가지고 왜 그러냐고, 목숨이 경각에 달린 환자가 생기면 어떡하라고 이러냐고"

미처 예상치 못한 일이 벌어지자 그 사람은 몹시 당황해했다. 차츰 온순한 언행으로 돌아가는 것 같았다. 구급대원은 이 상황을 빨리 갈무리해야 하였다. 주변의 주민들에게도 혹시라도 생길 수 있을 오해의 소지를 불식시켜야 했다.

　"도움이 필요해 119에 신고한 건 이해하지만, 이 환자분의 상태는 현재 응급차량으로 이송할 만큼 심각한 정도가 아닙니다. 저희가 돌아가는 길목에 마침 의료기관이 있어 거기까지 태워 갈 수도 있지만, 이보다 긴박한 상황이 발생할 수도 있기에 서둘러 돌아갈 수밖에 없는 사정입니다. 부디 이해하여 주시기를 바랍니다."

　개인이 지닌 욕구는 참 다양하기도 하였다. 아픔이 있는 곳에 슬픔이 있기 마련이다. 사람은 기본적으로 누려야 할 권리가 있다. 하지만 그것이 미칠 사회적 파장도 생각해 봐야 할 것이다. 여러 사람에게 공분을 불러일으킬 일은 하지 않는 게 좋을 것이다. 누구든 이 기준에서 자유로울 수는 없을 것이다.

　일상사 속에서도 여러 문제를 놓고 대립할 때 서로가 감정으로 치닫는 경우에도 우리는 전후좌우를 냉정한 판단으로 살펴볼 필요가 있다. 혹시 그 감정이 자신만의 이기적인 울분에서 표출된 것은 아니었는지 살펴보아야 한다. 결국 공감을 얻지 못한 개인의 주장은 자신이 다스려야 할 스스로의 문제로 남는 것이다. 오늘을 사는 우리가 민주 사회의 일원으로서 행해야 할 최소한의 자세가 여기에 있는 것이 아닐까.

나는 대한민국 소방관이다

말년의 내가 장년의 나에게

❦

　　비행기 안에 앉아 구름 속을 날고 있었지. 한동안 창밖을 바라보자니 내가 비행기를 타고 가는 건지, 구름에 실려 비행기가 흘러가는 건지 잠시 착각을 일으키게 하는군. 승무원이 가져다 놓은 식사를 하지 않으면 안 될 것 같은 분위기였어. 먹는 듯 마는 듯 하다가 그만 잠이 들어 버렸어. 일주일간의 노독이 누적된 때문일 거야. 이제껏 여행은 삶의 활력소였고 일상의 찌꺼기를 씻어내는 성찰의 시간이었지. 나이 육십이 넘었어도 젊음을 상징하는 패기와 열정은 남다르다고 생각했는데, 때로는 내가 내 몸을 알 수 없다는 것을 알았지. 지금처럼 말일세. 잠시 졸고 났더니 몽롱했던 머리가 맑아지고 몸과 마음이 한결 가벼워지는 것 같군. 내가 사는 대한민국이 점점 가까워져 오고 있었을 거야.

　　유럽 여행을 마치고 돌아가는 길이네. 몇몇의 나라와 여러 지방을 둘러보았지. 그중에서도 오스트리아 여행이 가장 인상 깊었다네. 음악의 도시 '빈'하면 역시 비엔나 왈츠가 연상되었네. 거기에다 내 청년 시절의 방황을 쓰다듬어 준 탈출구와도 같은 음악의 세계였다네. 골동품 같은 카세트를 품에 안고 살았던 때였지. 비엔나 왈츠 카세트테이프를 사가지고 늘어질 때까지 듣다가, 어느 땐가 녹음기 모터에 말려 들어가 그만 테이프가 끊어지고 말았던 일이 생겼다네. 안타까운 기억으로 남아 있었네. 여행의 묘미 중에 하나는 문화를 배우고 체험하는 일이겠지. 왈츠는 춤곡이 아닌가. 4분의 3박자의 리듬에 실린 우아한 멜로디가 사람들의 기품을 드높이기에 충분하단 말이지. 일행은 비엔나의 왈츠 학교에서 직접 왈츠를 배우고 체험하는 시간을 가졌다네. 선생님들의 멋들어진 시범이 있었어. 탄성을 자아내면서 우린 진지하게 몸소 왈츠를 익혔네. 기본 스텝을 배우고, 파트너와 짝을 이뤄 호흡을 맞추고, 그다음으론 음악에 동작을 실어서 동작과 음악이 하나가 되도록 노력했지. 비엔나에서 내 평생의 연인과 함께 비엔나 왈츠를 추었던 경험이라니. 그녀도 꽤 즐거워하는 눈치였어. 연애할 때 나이트클럽에서나 추어보던 춤이었다네. 결혼하여 아이들을 낳고 그들과 가끔 가는 노래방에서 함께 추었던 슬로우 댄스가 전부였다네. 그러니 왈츠는 얼마나 황홀했던지.

자신이 하는 일이 궁금하지 않은가. 지금 무엇을 하며 어떻게 지내는지가 말일세. 난 관광 통역안내사로 일하고 있네. 그동안 여러 분야에서 우리는 많은 발전을 이루었고, 이 나라를 찾아오는 외국인의 관광 수요도 꾸준한 증가 추세에 있지. 나는 관광객의 입국에서부터 출국하는 순간까지의 모든 여정을 도와주고 있다네. 이 바닥에서 일하는 사람들은 자칭 민간 외교관이라 칭하지. 자연을 벗

삼은 여행을 좋아했고, 나무 한 그루 풀 한 포기도 소중히 해왔던 마음이 날 이 분야에 들여놓았다 해야겠군. 더불어 젊었을 때 매달렸던 영어 공부 때문이라고도 할 수 있겠지. 전공이랍시고 대학에서 영어를 공부했지만 좀처럼 나아질 기미가 보이지 않더군. 언젠가는 다니던 직장을 쉬고 어학연수를 떠나려고 한 적도 있었지. 실행에 옮기진 못했지만 그만했던 꾸준함이 있었기에 일상어의 통역 정도는 가능하게 되었다네. 한편으로 30여 년의 공직생활이 몇 년쯤 더 남은 시점에서 명예퇴직을 결심했다네. 주위의 만류도 있었지만 내 빈자리는 좀 더 유능하고 믿음직스런 후배들에게 넘기자는 생각이었어. 그리고 이렇게 몇 년 일찍 떠나와서, 몇 년 더 일찍 시작하자는 계획이 지금의 나를 있게 했지. 하루하루가 보람 있고 즐거운 날의 연속인 것이 누군가에게 감사 인사라도 해야 할 정도일세. 이 모두가 미리미리 계획하여 실행에 옮기곤 했던 오랜 공직생활 지혜일 수도 있었을 거야.

그러고 보니 멀리도 왔다는 느낌이 드는군. 그때나 지금이나 시곗바늘은 털끝만 한 오차도 허용치 않고 있는데, 지난 세월은 왜 이렇게도 한걸음 같은 걸까. 삶의 후반기에 들어선 사람이 시간의 흐름을 의문하는 건 별로일 수도 있겠지만, 그대에게 꼭 하고 싶은 말이 한 가지 있네. 그것은 하루의 일은 그날에 반드시 끝을 내라는 것일세. 내 삶의 마지막 날처럼 하루를 대하라는 말이야. 무엇엔가 열심인 사람에게 하루라는 시간은 그리 짧은 것만도 아니야. 돌이킬 수 없고, 다시 그릴 수도 없는 게 삶의 캔버스 아니겠는가. 보다 아름답고 눈부신 색상으로 채색해야 하지 않겠나. 그리하여 언젠가 내

마지막 날이 갑작스레 들이닥친다 해도, 사랑하는 사람들과의 헤어짐이 덜 놀라울 테니 말일세. 덜 외로울 테니 말이야. 그래도 당부할 것이 남았다면 건강관리를 잘 하라는 거야. 자신을 사랑하고, 일을 사랑할 줄 아는 사람은 자신의 건강도 소홀함이 없겠지. 내가 소방관의 삶을 통해 아프고 상처 입은 사람들의 이익을 위해 애써온 것처럼, 이제 자네의 건강도 신경을 써야 할 거야. 잔소리가 너무 길어졌군. 승무원들이 다시 분주해지는 걸 보니 거의 다 온 모양이야. 좋은 추억을 안고 돌아온 지금의 내 기분처럼, 자네의 삶도 아름다운 인생의 여정이 되기를 기원하겠네.

추남(秋男)의 편지

⚜

　일교차가 심한 날들입니다. 아침저녁으로 찾아오는 서늘한 바람에 옷깃을 여밉니다. 바람의 눈빛으로 온몸이 으스스 해지기도 합니다. 낮엔 여름의 날씨를 보이다가도 아침과 저녁 속으론 계절의 갈등을 실감하게 하여 줍니다. 에어컨을 켜야 하나 말아야하나, 선풍기를 창고에 들여놓아야 하나 말아야 하나 망설이게 합니다. 겉옷을 챙겨야 할 것인가 말 것인가, 시트커버를 바꿀 것인가 말 것인가 고민하게 합니다. 시절의 방황입니다. 마음이 을씨년스럽습니다. 환절기라고 부르는 사이와 간극의 내용입니다. 이제 곧 가을이 찾아올 것입니다.

　가을은 '나나 무수꾸리'가 우리들 곁으로 와서 머무는 계절입니다. 기억의 저편으로 주파수를 맞추고 있으면, 이윽고 들려오는 그녀의 목소리가 바로 가을입니다. 청아한 음성이 귓전을 울려 줄 것입니다. 마음이 조금씩 펄럭거려 올 것입니다. 우리들의 영혼에도 그녀의 목소리가 파고듭니다. 피부에 가을이 닿는 것을 조금씩 알아

차리기 시작할 것입니다.

　조용한 숲속의 계곡물소리가 들리는 곳에 한 사내가 서 있습니다. 어깨 위로 낙엽이 하나 둘 내려앉고 있는 중입니다. 그는 지금 한 편의 시를 암송하고 있습니다. 고개를 들어 하늘을 올려다봅니다. 그러다가 골똘한 표정을 지어 보입니다. 무어라고 중얼거립니다.
　"이대로 죽어도 좋을 가을이여"

　오랜만에 가족들을 데리고 집을 나섰습니다. 하루 일정의 드라이브 여행입니다. 충남의 알프스라 불리는 청양으로 향하는 중입니다. "콩밭 매는 아낙네"로 유명해진 '칠갑산'이 있는 고장입니다. 매운 고추 맛의 대명사 '청양고추'로도 알려져 있었는데, 청양 고추는 사실 지명이 아니라 다만 품종의 이름이라고도 하였습니다. 그러나 나는 청양고추를 예의 청양고추로 알고 싶기는 하였습니다.
　그곳에 밤이 무르익고 있었습니다. 칠갑산 자락에 위치한 장곡사 아래에서 길을 멈추고 햇밤을 주웠습니다. 수확이 끝난 바닥에는 마른 밤 껍질들이 수북했습니다. 수많은 고슴도치가 서로 뒤엉켜있는 듯했습니다. 밤을 주울 때 잔가시에 찔릴 수도 있었는데, 그 또한 이 가을에 맛볼 수 있는 풍습이고는 하였습니다. 이미 수확을 마친 곳이었지만, 아직 매달려 있는 밤송이들이 더러 눈에 띄었습니다. 나중에는 다람쥐나 들짐승의 차지가 될 수 있었겠지요. 덕분에 우리 가족에게도 산밤을 줍는 현장학습 시간을 제공하여 주었습니다. 적갈색의 밤톨이 햇살 아래에서 윤기를 자르르 흘렸습니다. 작은 수확에도 마음이 푸짐해져 왔습니다. 가을걷이에 나선 농부의 마음을 잠시나마 알 것도 같았습니다.

    개울가로 내려가 모닥불을 피웁니다. 아이들과 함께 어린 시절의 추억을 재현하고 싶은 마음이었습니다. 한 동네에 살았던 또래의 아이들과 들에서 몰래 콩을 구워 먹던 생각이 났습니다. 한적한 콩밭에서 조심조심 콩을 뿌리째 뽑아 와서 짚불 위에 얹어 놓고 불을 붙이면, 마른 콩대가 타닥타닥 타들어가면서 콩이 익어갔습니다. 정신없이 그것을 주워 먹다 보면 입술이 데이기도 하고 시꺼멓게 물들었던 적이 있었습니다.
    마른 나뭇가지들을 주워와 불을 피우고 그 위에 산에서 주운 햇밤을 굽기 시작합니다. 개천가의 기온이 제법 서늘하여서 피워놓은 모닥불 가로 식구들이 둘러앉았습니다. 불을 지피고 다루는 아빠의 모습을 아이들은 흥미롭게 바라보았습니다. 손끝의 뜨거운 열기에도 아랑곳하지 않고 새까맣게 구워진 밤 껍질을 발라냅니다. 노릇하게 익혀진 가을의 맛에서는 계절의 향기가 배어 있었습니다.

    어느덧 10월도 저물어 가고 있습니다. 한 스승의 문하에서 한 계절을 함께 익히며 배웠던 기억이 엊그제만 같은데, 벌써 가을이 저물어 가고 있군요. 한 분 한 분에게로 따로 편지를 부쳐야겠다는 생각을 하고 있었답니다. 글 솜씨가 짧으면 마음만이라도 엿가락처럼 늘여볼 요량이었습니다. 헌데 뜻대로 되지 않았습니다. 마음 한 구석에는 아직 함께했던 시간이 지워지지 않고 있습니다. 모두의 문운과 건강을 비는 마음으로, 두서없는 가을의 서신 한 줄을 보내

드립니다. 언젠가 다시 우리가 함께 하였던 이 가을이 생각날 것입니다.

여러분의 대표 추남(秋男)이 드립니다.

추석이 추석추석 다가오는 날에

❦

　며칠 있으면 추석 명절이다. 명절(名節)이란 해마다 지켜 즐기는 날로 오래도록 전해온 좋은 때의 길일을 뜻하는 말일 것이다. 추석을 중추절(仲秋節)이라 달리 이름하는 것은, 가을을 초추·중추·종추로 구분하여 음력 8월이 중간에 들었음을 가리키는 것이었다. 작자가 확실하지 않은 조선시대의 가사집인 '농가월령가'에는 〈북어 쾌 젓조기로 추석 명일 쉬어 보세〉라고 읊은 대목이 있다. 옛날에는 추석날을 '명일(名日)'로 칭했던가 보았다. 그 추석이 며칠 앞으로 다가왔다.

　아파트 옥상에서 바라본 시내의 정경은 구획이 잘 된 논밭처럼 보인다. 사각형으로 블록을 이룬 사이사이로 차들의 왕래가 분주하다. 물꼬에 흐르는 물처럼 느껴지기도 한다.
　바쁜 사람들이 많은 세상이다. 행선지가 다르고 목적이 다르겠지만, 추석 명절을 향해 달리는 마음은 한결같지 않을까. 자동차의 차종을 하나씩 짚어보다가, 유년기를 보냈던 시골마을의 신작로를 떠올려 보았다. 신작로는 말 그대로 새로 만든 길이었다. 자동차가 왕래하는 넓은 도로가 많지 않았던 때 생겨난 말이다. 그래서 그런지 요즘은 잘 쓰지 않는다. 신작로가 되기 이전의 길들은 자갈과 모래 먼지로 점철된 길이었다. 그 시절의 추석날 속으로 건너가 본다.

우리 집 꼬맹이가 '방귀차'라고 부르는 것이 있다. 여름철에 보건소에서 나오는 연막소독차량을 말한다. 차가 지나면서 흰 연막을 마구 뿜어내는 것이 신작로 위를 달리는 차들이 일으키는 먼지 구름을 연상시킨다. 신작로는 우리 마을 앞을 가로질러 있었다. 차는 그렇게 자주 다니지는 않았다. 도로가 얼마나 한산했으면 연도에 줄지어 선 미루나무 위에 새들이 집을 짓고 살았을까.

엄마는 추석을 위해 읍내로 장을 보러 갔다. 십 리 길 너머의 오일장이었다. 장이 서는 날이 아니어도 추석 전의 날에는 임시 장이 열렸다. 아침 해가 한창 산 위로 떠오르는 때 엄마는 장엘 가셨다. 하루 온 종일을 엄마를 기다려야 하는 일이 내게는 남아 있었다. 또래의 아이들과 이런저런 놀이를 하면서 시간을 보내는 수밖에 없었다. 자치기, 비석치기, 딱지치기를 하면서 놀았다. 끝에 '~치기'라는 말이 들어간 아이들의 놀이가 그때는 참 많이 있었다. 놀이에 열중하다가 신작로 위로 먼지 구름 피어오르면, 제일 먼저 발견한 아이부터 동네 어귀를 향해 뛰어갔다. 그때까지 벌인 놀이를 서둘러 접고 딱지를 챙기거나 놀이기구를 손에 들고 저마다 내달렸다. 혹시라도 제 엄마가 장에서 돌아왔을지도 모른다는 기대와 희망이 넘쳐 있었다. 그러나 차에서 내린 사람들이 옆 마을에 사는 누구네

나는 대한민국 소방관이다

엄마와 할머니들뿐이라는 사실을 확인한 연후에 우리는 다시 제자리로 돌아와 놀이판을 다시 벌렸다. 엄마들의 모습이 보이지 않아 되돌아 올 때는 모두 풀이 죽어있었다.

    이제나저제나 기다리는 엄마는 늦도록 오지 않는다. 신작로에 이는 뿌연 먼지 구름을 발견할 때마다 헛걸음을 되풀이 하고 있었다. 그것은 촬영장 같은 곳에서 'NG'가 나는 모습과 닮아 있었다.

    그런데 어느 틈엔가 '인규야' 부르며 엄마의 모습이 나타났다. 하느님이거나 부처님보다 더 반가운 마음이었다. 놀이에 열중하던 내 앞에 예기치 않게 엄마가 나타난 것이었다. 나는 잽싸게 엄마의 위아래를 순간적으로 훑어보았다. 엄마는 이불 보따리만 한 장짐을 머리에 이고 있었다. 양손에도 또 다른 무엇인가를 들고서 환한 표정을 지어 주었다. 짐 꾸러미 하나를 낚아채 들고 엄마의 뒤를 따라가면서, 과연 이 속에 무엇이 들어있을까. 솟구쳐 오르는 궁금증을 억누를 길이 없었다.

    엄마가 이고 오신 장짐들 속에는, 내 어린 날의 추석 하늘에 높이 떠있는 보름달의 미소가 담겨 있었다.

나는 대한민국 소방관이다

　신고자의 부름을 받고 출동한 곳은 도심의 한 주택가였다. 어느새 인근 주민들과 행인들이 모여들기 시작하였다. 경광등을 번쩍이는 구급차량을 보고 호기심에서 일어난 행동들이었다. 까치발을 딛고 담 넘어 대문 안으로 집안 사정을 살피는 이도 있었다. 무슨 비밀스런 얘기를 나누는 양 삼삼오오 모여서 소곤거렸다.
　소방관들이 들것과 구급낭을 메고 다급히 집안으로 들어가는 모습에서 뭔가 모를 불길함에 사로잡히거나 사고의 내용을 추론하는 것 같았다.

　"잘 하셨네요, 수고하셨습니다." 흡사 야전병원을 방불케 한 병원 응급실 안에서였다. 방금 구급대가 이송한 환자를 인계받은 의사는 그렇게 말했다. 환자 발생 경위와 응급처치 사항에 대한 119대원의 설명을 경청하고 난 그는 대원들을 응시하면서 짧게 대답하여 주었다.

약물중독환자가 발생하였다는 신고 내용이었다. 아들이 농약을 마시고 죽겠다면서 방문을 걸어 잠그고 칠순의 노모와 대치하고 있는 상황이었다. 무슨 약을 얼마나 먹었는지 얼마큼의 시간이 흘렀는지를 파악하던 중에, 대원이 살충제 용기를 발견하였다. 구급 대원이 방문 가까이 귀를 가져다 대고 그와의 대화를 시도하였다. 그러나 방안은 여전히 조용하기만 했다. 답답함 속에서 살충제 용기를 살펴보다가 "본 약제를 마셨을 땐 소금물을 먹여 토하게 하고 신속히 병원 치료를 받아야 한다"는 주의사항이 눈에 띄었다. 서둘러 진하게 탄 소금물 한 바가지를 들고 환자가 있는 방문을 향해 대원이 소리를 쳤다.

"119입니다. 구급대원을 방으로 들이지 않아도 좋으니 우선 이 소금물을 마셔야 합니다."라며 말을 건넸다. 살충제이긴 하였지만 먹은 양과 시간에 따라서는 심각한 상황이 발생할 수도 있는 정황이었다. 구조대나 경찰을 출동시켜 강제로 물을 열 수 있지만, 그들이 오기 전에 미리 문을 열어주면 좋겠다며 설득하였다.

잠시 후에 꼼짝도 않던 환자가 천천히 문을 열고 나왔다. 그리고 구급 대원의 조치에 순순히 협조하는 모습을 보였다. 구급차는 재빨리 병원으로 향했다. 소금물이 위벽을 자극했는지 환자는 차 안에서 두어 번의 구토를 했다. 체내의 독성을 몸 밖으로 배출시킨 응급처치의 결과였기에 다행한 일이 아닐 수 없었다. 병원의 의사 역시 구급 대원의 응급처치에 대하여 신뢰를 보내는 마음을 전해 주었다.

임용된 지 얼마 되지 않았고 직무수행을 위한 교육조차 제대로 받지 못한 나로서는 이날의 출동 경험이 그렇게 소중할 수 없었다.

앞으로 나아가야 할 임무에 대한 사리분별에 큰 도움이 될 것 같았다. '세월호' 참상의 기억이 채 가시기도 전에 '메르스'의 여파로 온 나라가 몸살을 앓고 있는 지금으로부터 22년 전 나의 소방관 생활은 그렇게 시작되었다.

기본적인 의학지식을 겸비하는 일이 직무수행을 위한 우선 과제가 아니었을까. 늘 불안한 마음으로 이어지던 근무의 연속이었다. 업무 중에 느낀 부족함을 기회가 주어질 때마다 윗선에 건의하곤 했다. 또한 이송환자에 대한 심리 파악과 병원 도착 전에 구급 대원으로서 해야 할 역할에 관하여 묻기를 반복하면서 응급처치의 원리를 습득하려 애썼다. 비번 날이면 서점을 오가며 관련 서적을 구입하여 들춰보기를 반복했고, 이러한 노력의 결과에 힘입었는지 나는 선임자들보다도 먼저 4주간의 구급 대원 직무교육 과정에 입교할 수 있었다.

이 시절 한 가지 기억을 돌아보면 '기초건강검진'의 시행이었다. 아파트 단지와 마을 회관을 순회하며 지역 주민을 대상으로 하는 의료지원 행정이었다. 혈압과 맥박 등을 측정하고 당뇨 검사를 통하여 주민들의 건강에 대해 상담하였다. 이를 통해 평소 건강관리에 대한 중요성을 인식케 할 수 있다면 '119 구급의 예방행정'을 실현하는 일이 될 수 있을 것 같았다.

하루는 70대 중반의 어르신을 접하게 되었다. 연세를 감안하더라도 언제 무슨 일이 벌어질지 모를 만큼 혈압이 높아 있었다. 혈압약을 드셨냐는 질문에, "10년도 넘게 먹었고, 별 탈이 없어서 다 낳은 줄로만 알았다"는 대답을 하셨다. 혈압 약은 혈압 유지에 도움을 줄 뿐 치료까지 되는 것은 아니라는 설명을 해드려야 하였다. 이번에는 반드시 내과 진료를 받고 약을 복용하지 않으면 위험에 빠질 수도 있다고 알려주었다. 소방대원들의 이러한 활동은 평소 안면이 있는 의사들로 부터도 적지 않은 호평을 받았다. 의사들이 진료를 하고 약을 처방하는 것 못지않게 건강에 대한 예방활동이 절실하다는 취지였다. 어떻게 알았는지 상부에서도 전국 최초라며 치하하였고, 본부 산하 모든 소방파출소(지금은 '119안전센터')에서도 같은 활동을 펼치라는 지시가 내려지는 계기가 되기도 했다.

"119선생님 덕분에 내가 화를 면하게 됐다"면서 구급대원의 손을 잡고 좀처럼 놔주지 않으시던 그분의 모습이 지금도 생각이 난다.

다양한 사고 현장에서 인명피해를 줄일 수 있을 현실적인 방안은 무엇일까. 해를 거듭할수록 구급대원의 경험과 관련 지식은 늘어갔지만, 최선을 다했어도 그 예후가 좋지 않을 것 같은 환자를 이송한 뒤에 병원 문을 나설 때면 심한 자책과 자괴감에 빠져들 때도 있었다. 시골의 면 소재지는 물론이고 도심 곳곳에 크고 작은 의료기관은 헤아릴 수 없이 많은데, 왜 응급처치를 교육하고 보급하는 데는 관심을 두지 않을까. 이런 안타까움은 응급처치 교육의 중요성을 강조하게 되었다. 이는 내부적으로 구급대원의 업무능력 향상에 기여하였으며 학교와 기관단체의 응급처치 보급으로 이어졌다.

지방의 폐교를 활용하여 글램핑 장으로 탈바꿈한 그곳은 우리가 매주 토요일마다 '소방안전교실'을 운영하는 곳이다. 도처에서 내 고장을 찾은 관광객, 피서객들을 상대로 심폐소생술과 일상 응급처치, 그리고 소화기 사용법 등을 익히는 프로그램을 마련한 것이다. 대부분 가족단위로 참가하여 부모와 자녀가 캠핑도 즐기고 자연스럽게 응급처치도 익힌다는 사실에 만족해한다. 마네킹을 놓고 흉부압박을 연습하는 아이의 모습을 대견하게 바라보는 부모의 모습은 언제 보아도 정겨운 풍경이다. 소화기 사용법을 익히며 마냥 즐거워하는 아이들의 표정에서 단란한 가족의 일면을 본다. 그들의 행복이 지금처럼 영원할 수 있으면 얼마나 좋을까.

메르스의 기세도 한풀 꺾였는지 요 며칠 동안엔 확진 환자가 더 이상 발생하지 않았다. 야간근무가 끝나가는 이 시간, 멀리서 가까이서 일상의 소음들이 전해진다. 간밤에 무슨 일이 있었냐는 듯 차 지나는 소리와 개 짖는 소리 너머로 새벽 예배라도 가는지 동네 아주머니 인기척이 활기에 차 있다. 하루해가 포물선을 그으며 세상을 조망하듯 우리들의 일상에도 빛이 머물다 갈 것이다. 나는 다시 힘찬 발걸음으로 만인의 불침번임을 자임하리라.

나는 대한민국 소방관이다

최인규 산문집
나는 대한민국 소방관이다

2021년 04월 20일 초판 1쇄 찍음
2021년 04월 25일 초판 1쇄 펴냄

지은이 _ 최인규
펴낸이 _ 나문석
편   집 _ 장상호
교   정 _ 김옥경
표지일러스트 _ 정여림

펴 낸 곳 _ 도서출판 두엄
등록번호 _ 제03-01-503호
주   소 _ (41969) 대구광역시 중구 명륜로12길 21
대표전화 _ (053)423-2214
전자우편 _ dueum@hanmail.net

ⓒ최인규, 2021
ISBN 978-89-85645-98-0 03810

＊지은이와 협의하여 인지는 생략합니다.
＊책값은 뒤표지에 표시되어 있습니다.